作業が
一瞬で
片付く

「 」

Python

自動化

仕事術

Nagai Masaaki

永井雅明

SB Creative

　本書をお手に取ってくださり、ありがとうございます。Python（パイソン）は、世界的に最も人気のあるプログラミング言語の1つです。人気の理由として、プログラミング言語の中でもとりわけシンプルでわかりやすく、さらにはAI（人工知能）開発やビッグデータ解析などの先進的な分野で活用できることが挙げられます。

　本書は、Pythonに興味はあるけれど、「Pythonって難しそう！」「途中で挫折しないか心配・・」「本当に仕事で使えるの？」といった不安を抱いている、プログラミング経験がないビジネスパーソンのあなたにぜひ読んでほしい一冊です。

Pythonって難しそう！

　プログラミング経験のないあなたにとって、Pythonを理解するのはとてもハードルが高いと感じると思います。実は私もPythonについて何も知らないところから独学しているので、その気持ちはよくわかります。著者である私が未経験だったからこそ、未経験者が苦労するところがよくわかります。

　プログラミング書籍は、専門的な用語が多くてとっつきにくいというイメージがあると思います。苦手意識を持っている方もいらっしゃるでしょう。プログラミングにおいてよく使われる言葉については基本的に説明がないので、プログラミングをやったことがない読者にとっては混乱する原因となります。

　本書では、**難しいプログラミング用語は極力減らして、平易な言葉でわかりやすく説明**しています。また、イメージ図を豊富に使って解説しているので、文章だけだと頭に入りにくい箇所もスムーズに理解できます。忙しいビジネスパーソンのみなさんが、短時間で理解できるように工夫しています。

途中で挫折しないか心配・・

　Pythonでプログラミングし始めると、さまざまな落とし穴があります。例えば準備段階で、ソフトウェアをインストールする作業が難しくていきなり挫折することがあります。コマンドプロンプトを開いてコマンドを入力する作業があると、それだけでウンザリすると思います。

　また、コードを書いて実行してみたらエラーが起きて期待通りに動かず先に進めないこともあります。書いたコードに誤りがあるからエラーが起きるわけですが、エラーが起きたときにどう対処すればよいのかわからないとそこで挫折してしまいます。

　本書では、インストールやプログラミングなどのやり方が複数ある場合は、最もわかりやすくてシンプルな方法を採用しています。複雑な作業がないので、スムーズに作業を進められます。また、**未経験者がついやってしまう典型的なミスとその解決法をできるだけ掲載**しているので、エラーが出てもつまずくことなく、学習を続けることができます。

本当に仕事で使えるの？

　一般的なプログラミング書籍の傾向として、退屈な文法の説明が延々と続いたり、枝葉末節の細かい知識に多くのページを割いていたりすることがあります。仕事でPythonを使いたいと思って読み進めているのに、仕事との関連性がなかなか見えないと、読み進めるのが苦痛になります。

また、説明のために使われている題材が実際の業務とはかけ離れていると、せっかく学習した知識を仕事の中でどうやって使えばよいのか全くイメージできません。せっかくPythonを学習したのに、仕事で使えないのでは本末転倒です。

本書で取り上げているテーマはすべて、日常業務として発生する面倒な作業を自動化することを目的としています。業務自動化を実現するために必要な知識に絞って紹介しているので、無駄な学習に時間を取られることがありません。**本書の内容はすべて実務に直結しており、学習直後から日常業務に活用できます。**

読んですぐに活用できるPython本

私は業務改善コンサルタントとして15年以上活動しており、多くの企業における業務改革プロジェクトに参画してきました。現場で日々の業務に忙殺されている実務担当者の姿を見ていますし、みなさんが膨大な量の手作業を地道にこなしていることも知っています。だからこそ、どのような業務を自動化できればみなさんが楽になるのか、十分に理解しています。

Python関連の書籍は無数にありますが、本書は**Pythonを使って仕事を自動化する方法について、徹底的にわかりやすく解説した実用書として類を見ません。**みなさんはプログラマーを目指しているわけではないので、業務に関係のない知識を学習する必要はなく、作業を自動化する方法だけを短時間で効率よく学習すればよいのです。その意味で本書は無駄がなく、忙しい業務の合間を縫って学習でき、仕事の中でPythonを手っ取り早く使えるようになります。本書が、あなたの業務に役立つことを確信しています。

読了後のさらなる学習法

本書で紹介した知識を組み合わせるだけでも、自動化できる業務の幅が格段に広がります。例えば大量にあるExcelファイルからデータを集約したり、複数のPDFからテキストデータを取得したり、メールの一括送信において宛先ごとに件名や本文を変えたりするといった応用ができます。

もう1つの方法は、使えるライブラリや関数を増やすことです。本書で紹介したライブラリだけでも、まだまだ紹介しきれていない関数があります。ライブラリ名で検索すれば公式ドキュメントが見つかるので、仕事の中で使えそうな関数を発掘してみるとよいでしょう。また、有用なライブラリは他にも無数にあり、あなたの業務にフィットするライブラリを探してみるのも面白いと思います。

本書を通じて、Pythonを使った業務自動化にもっと興味をもっていただけたら嬉しいです。

Contents

■ 本書に関するお問い合わせ

この度は小社書籍をご購入いただき誠にありがとうございます。小社では本書の内容に関するご質問を受け付けております。本書を読み進めていただきます中でご不明な箇所がございましたらお問い合わせください。なお、ご質問の前に小社Webサイトで「正誤表」をご確認ください。
最新の正誤情報を下記のWebページに掲載しております。

本書のサポートページ https://isbn2.sbcr.jp/09986/

■ 本書のサンプルファイル

本書で使用するサンプルファイルはすべて、下記よりダウンロードできます。

URL https://www.sbcr.jp/support/09986/

練習用ファイルと完成品のipynbファイルは、次のように「C:¥Users¥ユーザー名」の下に配置してください。

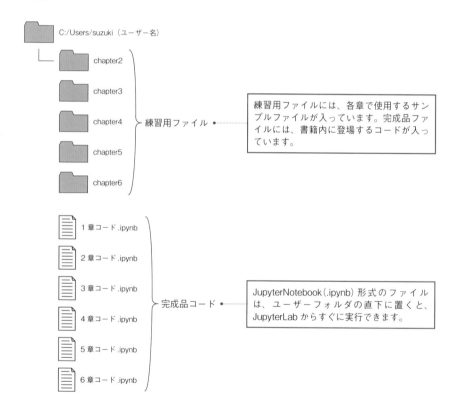

自動化をはじめる準備

本章では、Python でプログラミングするために必要なソフトウェアのインストール方法や、基本的なプログラムの書き方を紹介します。

Python を使う準備をしよう

はじめに、Python でプログラミングをするために必要なものを準備します。
本書では開発環境の「Anaconda」と「Jupyter Lab」を使ってプログラムを書い
ていきます。

Python の開発環境を設定する

　プログラミングするために必要なソフトウェアをパッケージ化したものを、
開発環境と呼びます。開発環境には、様々な種類があります。例えば、マイク
ロソフト社が提供している Visual Studio Code(ビジュアルスタジオコード)、
ジェットブレインズ社が提供している PyCharm(パイチャーム)、オープン
ソースの Spyder(スパイダー)などです。開発環境の構築が面倒だとそこで躓
いて先に進めなくなってしまうので、本書ではノンプログラマーの方でも楽に
セットアップできる **Anaconda(アナコンダ)** という開発環境を使います。
　開発環境は日々更新されていますので、Anaconda のホームページから最新
版をダウンロードしてインストールしましょう。

Anaconda をインストールする

　Anaconda の ホ ー ム ペ ー ジ(`https://www.anaconda.com/products/`
`individual`)にアクセスし、ページ下部からインストーラーをダウンロード
します。

■■ Anaconda のインストーラーをクリックしてダウンロード

Anaconda Installers

Windows ■	MacOS ■	Linux △
Python 3.8	Python 3.8	Python 3.8
64-Bit Graphical Installer (457 MB)	64-Bit Graphical Installer (435 MB)	64-Bit (x86) Installer (529 MB)
32-Bit Graphical Installer (403 MB)	64-Bit Command Line Installer (428 MB)	64-Bit (Power8 and Power9) Installer (279 MB)

　使っているパソコンの OS が Windows の方は、Windows のロゴの下にあるインストーラーを使います。64 ビットと 32 ビットの 2 種類あるので、いずれかをダウンロードしてください。どちらかわからない場合は、コントロールパネルなどから調べることができます。

■■ システムの種類を確認

> **memo**
>
> Mac を使っている方は、MacOS のロゴの下にあるインストーラーをダウンロードしてください。本書では、Windows を使って説明していきます。

　ダウンロードしたインストーラーをダブルクリックすると、以下のようなセットアップ画面が表示されます。[Next] をクリックしてください。

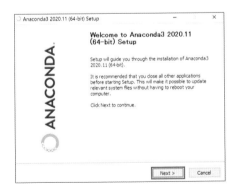

自動化をはじめる準備

画面が切り替わったら［I Agree］をクリックしてください。

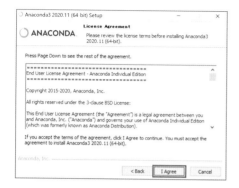

画面が切り替わったら［Next］をクリックしてください。

原則、チェックは既定のまま進めます

インストール先を確認し、問題がなければ［Next］をクリックしてください。
インストール先を変更したい場合は［Browse］で選択できます。

画面が切り替わったら [Install] をクリックしてください。

基本はこちらを選択

画面に「Completed」と表示されたら [Next] をクリックしてください。

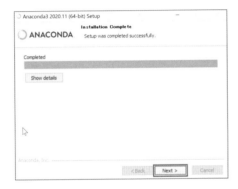

画面が切り替わったら [Next] をクリックしてください。

自動化をはじめる準備

画面が切り替わったら [Finish] をクリックしてください。

これで Anaconda のインストールは完了です。

JupyterLab を使ってプログラムを書いてみる

Anaconda をインストールすると、プログラムを書いて実行することができる **JupyterLab**(ジュピターラボ)というソフトウェアが使えるようになります。本書では、JupyterLab を使ってプログラムを作っていきます。

プログラムを書く

①Anaconda Navigator を起動する

スタートメニューにある「**Anaconda Navigator**」をクリックしてください。クリック直後、プロンプト(黒いウィンドウ)が何度か表示されます。

:: スタートメニューから Anaconda Navigator を起動する

しばらくすると次のような画面が表示されます(画面が表示されるまで多少時間がかかります)。

画面が表示されたらアプリの一覧から JupyterLab を探し、[Launch(ローンチ)] ボタンをクリックしてください。

自動化をはじめる準備 1

■■ Anaconda Navigator から JupyterLab を起動する

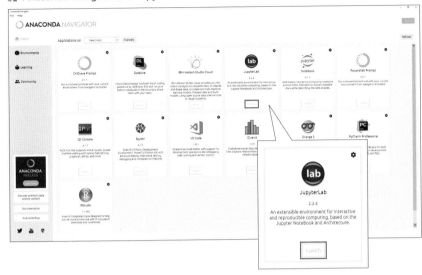

　[Launch] ボタンをクリックして少し待つと、ブラウザが起動して以下のような画面が表示されます。これは、Windows のエクスプローラー(Mac の Finder)のようなものだと覚えておいてください。右側に Launcher(ローンチャー)というタブが表示されます。

■■ JupyterLab

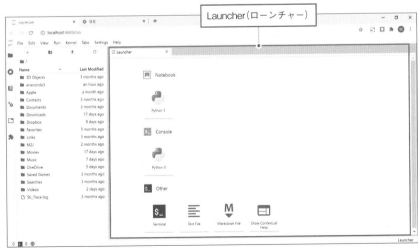

画面がうまく表示されない場合は、次のような原因が考えられます。

● Internet Explorer を使用している
JupyterLab で使えるブラウザは、Firefox、Chrome、Safari のいずれかです
（筆者の環境では Edge でも起動します）。上記のいずれかを既定の Web ブラウ
ザに設定してから、再度 JupyterLab の「Launch」ボタンをクリックしてくだ
さい。

● HTML ファイルを開くアプリに、メモ帳などが設定されている
「Launch」ボタンをクリックしてメモ帳などが表示された場合は、Windows の
[設定] → [ファイルの種類ごとに既定のアプリを選ぶ] を確認してください。
ここで、HTML ファイルを開くために使っているアプリがわかります。ブラウ
ザではなくメモ帳など別のアプリが設定されていると、ブラウザは表示されま
せん。既定のアプリをブラウザに変更するか、ブラウザを開いてメモ帳内に書
かれている URL（例：http://localhost:8888/lab?token=31892b1a83c44c
8cd12c772aba95dbg50c2371c75a18c0cd）を表示してください。

② プログラムを書くための作業領域を新規作成する

「Notebook」の下にある [Python3] をクリックすると、画面が切り替わりプ
ログラムを書くための作業領域が 1 つ作成されます。

■: 新規作成

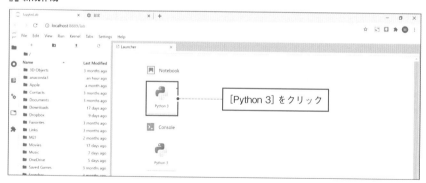

　この作業領域のことを「**ノートブック**」と呼びます。ファイル名は、初期状態で「Untitled」となりますので、後でわかりやすい名前に変更する必要があります。ノートブックの中には四角で囲まれた領域があり、これを「**セル**」と呼びます。

■■ JupyterLab でプログラムを書くときの画面各部の名称

ファイルブラウザ
ファイルやフォルダの一覧が表示される

ノートブック
プログラムを書くための作業領域
1 つのファイルにつき、タブが 1 つ表示される

③簡単なプログラムを記述・実行する

　さっそく、新規作成したノートブックにプログラムを書いて実行してみましょう。セルに「test」という文字を表示する命令「print('test')」を入力し、 Shift + Enter キー(セルのプログラムを実行するショートカットキー)を押してください。プログラムが実行されると、セルの下に「test」と表示されます。

> **!注意**
>
> すべて半角英数で入力してください。

1
自動化をはじめる準備

■■ セルにプログラムを書いて実行する

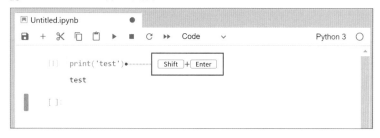

memo

処理の実行中は、画面右上の「Python 3」の文字の横にある印が●で表示されます。

処理中	Python 3 ●
待機中	Python 3 ○

ノートブックの使い方

では、ノートブックの使い方を詳しく見ていきます。ショートカットキーがたくさん登場しますので、最初は大変だと感じるかもしれません。しかし、ここで登場するショートカットキーは Excel などで使うものより簡単で、一度覚えてしまえば操作がとても楽になります。1 つずつ試しながら、徐々に慣れていきましょう。

セルを操作する

①セルを選択する

セルを選択するときは、セルの左側をクリックします。すると、左側に青いバーが表示されます。この青いバーは、セルが選択されていることを表します。

セルを選択する

②**セルを追加する**

新しいセルを追加するときは、セルを選択(セルの左側をクリック)した状態にして、b キー(「below」の「b」)を押します。逆に、セルの上に新しいセルを追加するときは a キー(「above」の「a」)を押します。

セルを追加する

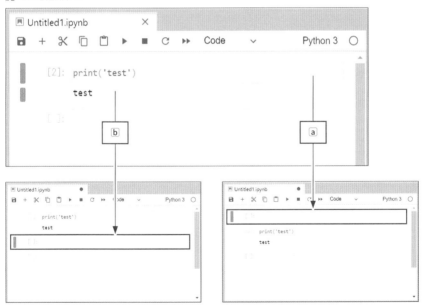

③セルを削除する

　セルを削除するときは、削除したいセルを選択して d d キー(d を 2 回)を押します。

■■ セルを削除する

④セルをコピーする / 貼り付ける

　セルをコピーするときは、コピーしたいセルを選択して c キーを押します。また、コピーしたセルを貼り付けるときは v キーを押します。

⑤操作を元に戻す

　操作を元に戻すときは z キーを押します。間違った操作を取り消すときに使います。

■■ セルのコピー & 貼り付け / 操作のキャンセル

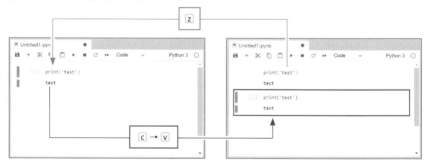

■:■ セルに対する操作一覧

操作	ショートカットキー	対応するメニュー
上にセルを追加	a	―
下にセルを追加	b	+
セルを削除	d d	―
セルをコピー	c	🗗
コピーしたセルを貼り付け	v	🗐
元に戻す	z	―

下にセルを追加　コピーしたセルを貼り付け

セルの中で操作する

続いて、セルの中での操作を紹介します。プログラムの記述や実行に使用します。

①プログラムを実行する

セルに記述したプログラムを実行するときは Shift + Enter キーを押します。すると、プログラムが実行された後、プログラムが書かれたセルの下に新しいセルが追加されます。プログラムを入力して実行する作業を繰り返すときに便利です。

自動化をはじめる準備

新しいセルを追加せず、単にプログラムを実行したい場合は Ctrl + Enter キーを押します。また、セルの中で Enter キーを押すと改行されます。

②セルを選択した状態にする

セルの中にいるときにセル全体を選択した状態にしたい場合は Esc キーを押します。

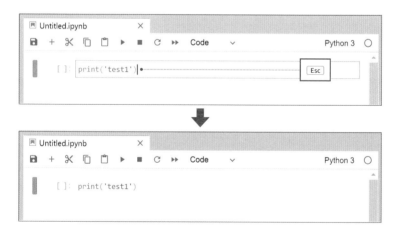

memo

セルの中にカーソルがある状態を Edit(エディット)モードといいます。また、セルが選択されている状態を Command(コマンド)モードといいます。モードは、画面の右下に表示されます。

■ Edit モード(左)とコマンドモード(右)

③実行中のプログラムを止める

　実行中のプログラムを途中で止めたいときは ⅰⅰ キー(ⅰ を 2 回)を押します。セルの中にカーソルがある場合は Esc キーを押してから ⅰⅰ キーを押しましょう。

■ 実行中のプログラムを止める

memo

プログラムを止めると、「KeyboardInterrupt」と表示されます。

■■ セルの中での操作一覧

操作	ショートカットキー	対応するメニュー
プログラムを実行 & セルを追加	Shift + Enter	▶
プログラムを実行 （セルの追加なし）	Ctrl + Enter	—
セルを選択	Esc	—
プログラムを中止	i i	■

■ ノートブックを操作する

　次は、ノートブック自体の操作を紹介します。記述したプログラムの保存などに使用します。

①ノートブックを保存する

　作業中のノートブックを上書き保存するときは Ctrl + S キーを押します。別名で保存する場合は Ctrl + Shift + S キーを押します。

> **memo**
>
> ノートブックが保存されていない場合は、タブの右側に●が表示されます。せっかく書いたプログラムが消えてしまわないよう、こまめに保存するようにしましょう。

保存したファイルは左側のファイルブラウザに表示され、ダブルクリックすると開くことができます。ファイルの保存先は、ユーザーフォルダ(C:\Users\ユーザー名)の直下になります。

ファイルの保存先

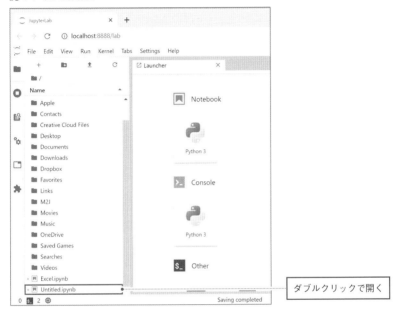

ダブルクリックで開く

②ノートブックの名前を変更する

ノートブックの名前を変更するときは、タブを右クリックして[Rename Notebook]を選択します。

右クリック

すると「Rename File」というダイアログが表示されます。名前を変更して、[Rename] をクリックします。

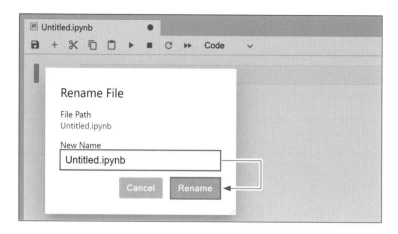

③ノートブックを削除する

　ノートブックを削除するときは、タブを右クリックして [Delete Notebook] を選択します。確認メッセージが表示されるので [Delete] をクリックします。

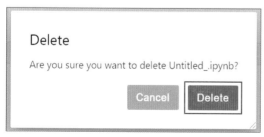

■: ノートブックに対する操作一覧

操作	ショートカットキー	対応するメニュー
上書き保存	Ctrl + S	—
別名で保存	Ctrl + Shift + S	—
名前の変更	—	Rename Notebook
削除	—	Delete Notebook

作業を終了する

作業を終えたら、JupyterLab → Anaconda Navigator の順に終了します。

①JupyterLab を終了する

画面上部のメニューから [File] → [Shut Down] を選択します。

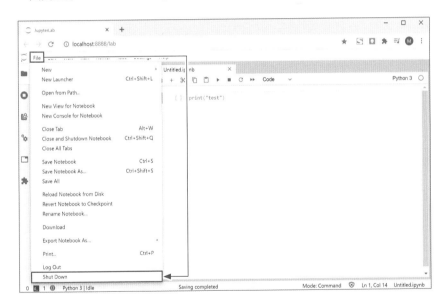

確認メッセージが表示されるので[Shut Down]をクリックします。

「Server stopped」と表示されたら、ブラウザを閉じます。

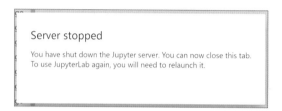

②Anaconda Navigator を終了する

　Anaconda Navigator の右上にある[×]をクリックします。すると「Quit application」というダイアログが表示されるので、[Yes]をクリックします。

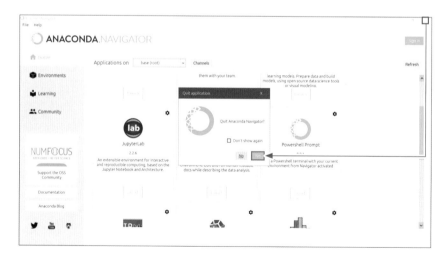

ライブラリを使ってみよう

Pythonでプログラムを書く上で欠かせないのがライブラリです。Excelを読み書きするライブラリ、メールを送受信するライブラリ、デスクトップを操作するライブラリなど、様々な種類があります。ライブラリを使いたいときは、事前にライブラリをインストールしておき、そのライブラリを呼び出して使います。

ライブラリとは

ライブラリは、道具箱のようなものだとイメージしてください。日曜大工をするための道具箱、ガーデニングをするための道具箱など、作業の用途に応じてさまざまな道具箱があります。作業をするときに、道具箱からハンマーやペンチ、ドライバーなどの道具を取り出して使います。Pythonでは、道具のことを「**関数**(またはメソッド)」と呼びます。関数とメソッドは異なるものですが、本書では便宜上、すべて関数に統一して表記します。

■■ ライブラリは必要に応じて使える道具箱のようなもの

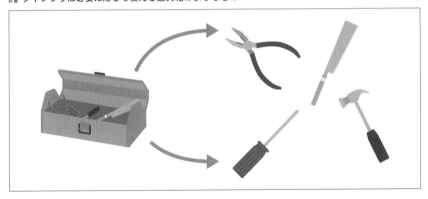

　Pythonには様々なライブラリがあります。以下にご紹介するのは、データを分析するために使う**pandas**(パンダス)というライブラリです。pandasには多くの関数が入っており、例えばExcelを読み込むために使う read_excel 関数や、Excelにデータを書き出すために使う to_excel 関数などがあります。

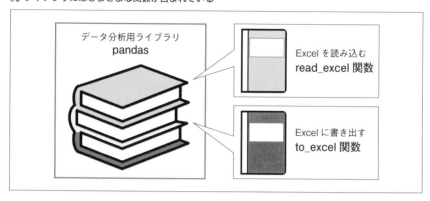

Anaconda には、あらかじめ多くの種類のライブラリがインストールされています。インストールされているライブラリを確認したいときは、Anaconda Navigator の左側のメニュー [Environments] をクリックしてください。すると、右側にライブラリの一覧が表示されます。

■■ Anaconda にはじめからインストールされているライブラリ

一覧に含まれているライブラリはそのまま使用できますが、それ以外のライブラリについては自分でインストールする必要があります。そこで、ライブラリをインストールして使うまでの手順を以下で学習していきましょう。

> **memo**
>
> 事前に JupyterLab を起動し、ノートブックを作成しておきましょう。

ライブラリを使う

ライブラリをインストールする

ライブラリをインストールするときは、「pip install」というキーワードを使います。

■ ライブラリのインストール

> **pip install** ライブラリ名

> **!注意**
>
> Python では、大文字と小文字は区別されます。特に指定のない限り、すべて小文字で書くようにしましょう。

試しに **folium**（フォリウム）というライブラリをインストールしてみましょう。folium は地図を生成・表示するためのライブラリです。セルに「pip install folium」と入力し、 Shift + Enter キーを押して実行します。

■ folium ライブラリをインストールする

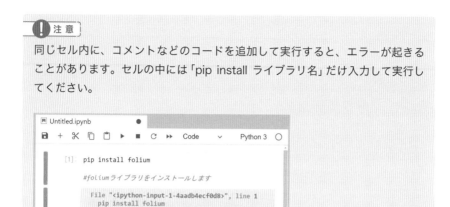

注意

同じセル内に、コメントなどのコードを追加して実行すると、エラーが起きることがあります。セルの中には「pip install ライブラリ名」だけ入力して実行してください。

正常にインストールされると、実行結果に「Successfully installed」といった文字が表示されます。

■■ インストールに成功した

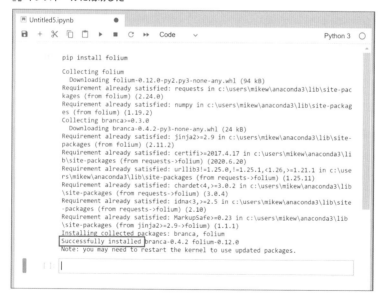

ライブラリを呼び出す

インストールしたライブラリは「import」というキーワードを使って呼び出します。

■ ライブラリを呼び出す

> **import** ライブラリ名

ライブラリ名が長いときなど、ライブラリを別の名前で呼び出したい場合は、「as」というキーワードを使って別名を付けることができます。ライブラリの中には、多くのプログラマーが使用している慣習的な別名がある場合がありますので、本書でもその別名を使用します。（例：p.60）

■ 別名でライブラリを呼び出す

> **import** ライブラリ名 **as** 別名

ここでは「import folium」と入力し、 Shift + Enter キーを押します。

関数を使う

ライブラリには便利な機能をまとめた「**関数**」が含まれています。関数を使うと、さまざまなプログラムを簡単に作ることができます。ライブラリに含まれる関数を呼び出して使うには、ライブラリ名の後にピリオド「.」を入力してから関数名を指定します。

■ 関数を呼び出す

> **ライブラリ名** . 関数名

ここでは先ほどインストールした folium ライブラリに含まれる「Map」という関数を使ってみましょう。folium ライブラリをインポートした後、セルに「folium.Map(location=[40, 140])」と入力して Shift + Enter キーで実行すると、次のような地図が表示されます。

■■ folium ライブラリの Map 関数を実行

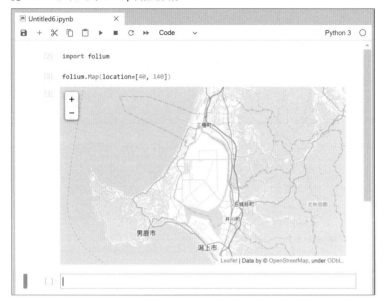

「location=[40, 140]」の部分で、緯度と経度を指定しています。

Python の基本　①変数と型

Python によるプログラミングの基礎的な知識を学習していきます。とはいえ、堅苦しい話はできるだけ少なくして、ノンプログラマーの方にとってわかりやすく解説していきますのでご安心ください。はじめに、Python でデータを扱う際に登場する「変数」と「型」について見ていきましょう。

変数

データを一時的に保管するための入れ物のことを、「**変数**」といいます。箱に物を入れるようなイメージです。変数の名前は、あらかじめ決められたルールのもと、自由に設定することができます。

■■ 変数のイメージ

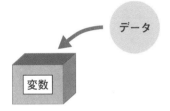

変数名には次のようなルールがあります。

・先頭に数字は使用できない
・変数名に使用できる記号は「_(アンダースコア)」のみ
・Python であらかじめ定められたキーワード「予約語」は使用できない

予約語には例えば「and」「if」「class」などがあります。これらは特に覚える必要はありません。

---

memo

変数名に誤りがある場合は、実行時に「SyntaxError: invalid syntax」というエラーが表示されます。

```
[3]:  and = 800

      File "<ipython-input-3-7d55418d7141>", line 1
        and = 800
            ^
SyntaxError: invalid syntax
```

変数を作成することを「変数を宣言する」といいます。

■ 変数の宣言

変数 = 値

変数に値を入れるときは「=（イコール）」を使います。プログラミングでは、= は「右辺を左辺に代入する」という意味です。

試しに「amount」という変数に「100」を代入してください。変数に値を入れたら、変数名だけを入力して実行してみましょう。

```
amount = 100
amount
```

すると、変数に入っている値が表示されます。なお、print 関数を使って「print(amount)」と書いて実行しても同じように表示されます。

■ 変数名を入力して実行し、値を表示する

```
[1]:  amount = 100
      amount

[1]:  100
```

型

Python では「数値」や「文字列」など、データの種類を区別します。これを「**型**（かた）」といいます。使っているうちに自然と理解できると思いますので、意識して覚える必要はありません。型には、例えば次のようなものがあります。

■■ 型の種類

型	説明
str	文字列
int	整数
float	浮動小数点数(小数を含む数値)
bool	論理(True または False の二者択一)
list	リスト(複数の値の集合で、後から変更可)
tuple	タプル(複数の値の集合で、後から変更不可)

1

自動化をはじめる準備

■ 数値を扱う

セルに数式を入力して実行すると、Python が自動的に数値を認識して計算します。例えば、セルに「100+200」と入力して実行すると、計算結果が表示されます。

■■ セルに数式を入力して実行する

```
[4]: 100 + 200

[4]: 300●——— 計算結果
```

他にも、次のような演算記号があります。

■■ 演算に使う記号

記号	説明
+	足し算
-	引き算
*	掛け算
/	割り算
//	割り算の商
%	剰余(割り算の余り)

数値についてもう1つ覚えておいてほしいのが、変数の値を1増やす書き方です。

■■ 変数の値を 1 増やす

```
変数 a = 変数 a + 1
```

数式の右辺は「変数に 1 を足した値」ですから「変数の中に、変数に 1 を足
した値を入れる」ということで、変数の値を 1 増やすことになります。試しに
「number」という変数の値を 1 増やすプログラムを実行してみましょう。

■■ 変数の値を 1 増やす

```
number = 10          変数 number に 10 を代入する
number = number + 1  変数 number の値を 1 増やす
number               確認用に変数 number の値を出力する
```

上記の実行結果は「11」となり、値が 1 増えていることがわかります。
変数の値を 1 増やす処理は、在庫データにおいて商品ごとに仕入数を計算し
たり、経費データにおいて社員ごとに精算額を計算したりする場合など、何ら
かの処理を繰り返すときによく登場しますので覚えておいてください。
　ちなみに、次のような簡便な書き方もあります。1 増やすときは「+=」、1
減らすときは「-=」という記号を使います。

■■ 変数の値を 1 増やす（省略形）

```
変数 += 1
```

■■ 変数の値を 1 増やす（省略形）

```
number2 = 10
number2 += 1
number
```

🔲 文字列を扱う

　Python では、文字列はシングルクォーテーション「'」またはダブルクォー
テーション「"」でくくる必要があります。次のコードは、変数「place」に
「tokyo」という文字列を代入しています。

38

■: 変数に文字列を代入する

```
place = 'tokyo'
```

■ 文字列をつなげる

文字列と文字列をつなげるときは、「+」を使います。

■: 文字列をつなげて変数に格納する

```
place = 'tokyo' + ',' + 'minato-ku'
```

文字列をつなげる

■ 文字列を分割する

　文字列を分割するときは、split（スプリット）という関数を使います。split 関数は文字列を分割し、分割された文字列を変数で受け取ります。カッコ内の「引数」には、どこで分割するかを示す文字（区切り文字）を指定します。引数に何も指定しない場合は、区切り文字として空白文字が指定されたものとみなされます。

■: split 関数

文字列 .split(' 区切り文字 ')

　例えば「東京都 / 港区」という文字列を、スラッシュの部分で分割するには以下のように書きます。今回は 2 つの値に分かれるので、「prefectures」と「city」という 2 つの変数を使って値を受け取ります。

■: 住所を分割する

```
prefectures, city = '東京都/港区'.split('/')
```

　print 関数で出力すると、「prefectures」に「東京都」、「city」に「港区」が入っていることが確認できます。

■■ split 関数で分割した値がそれぞれの変数に入っている

```
[2]:  print(prefectures)
      print(city)

      東京都
      港区
```

Column

'1' のように数字をシングルクォーテーションで括った場合も、Python では数値ではなく文字列として扱われます。例えば、次のコードを実行すると、var1 と var2 ではそれぞれ異なる値が出力されます。

```
var1 = 1 + 5
var2 = '1' + '5'

print(var1) •┄┄┄ 6
print(var2) •┄┄┄ 15
```

なお、「1 + '5'」のように異なるデータ型どうしを加算するとエラーになります。

■ 日付を扱う

Python で日付を扱うときは「**datetime**」というライブラリを使います。datetime は、日付を扱う「**date**」と、時間を扱う「**time**」を合わせたものです。まずライブラリをインポートするために、「import datetime」と入力して実行します。「datetime.datetime.now()」で現在の日時が取得できるので、これを「now」という変数に格納して、それを print 関数で表示します。

■■ ライブラリをインポートして現在の日時を取得する

```
import datetime ● ── ライブラリをインポートする

now = datetime.datetime.now() ● ── 関数を呼び出して現在の日時を
                                    取得し、変数 now に代入する
print(now) ● ── 確認用に変数 now の値を出力する
```

すると、以下のように日時の情報が「年 - 月 - 日　時 : 分 : 秒 . マイクロ秒」の形式で表示されます。

■■ 取得した日時の情報を表示する

```
[1]   import datetime

[1]   now = datetime.datetime.now()
      print(now)

      2021-01-17 14:41:29.831279
```

日時の表示形式を変更するときは、datetime ライブラリに含まれる「**strftime**（エスティーアールエフタイム）」という関数を使います。

■■ strftime 関数

日時のデータ .strftime(書式文字列)

書式文字列で指定するキーワードによって、日時の表示形式を変更することができます。年は「%y」、月は「%m」、日は「%d」、曜日は「%a」と書きます。例えば「21/01/17(sun)」のように表示したいときは、次のように書いて実行します。

■■ 日時を YY/MM/DD（曜日）形式で表示する

```
now.strftime('%y/%m/%d(%a)')
```

スラッシュ「/」やカッコ「()」などの文字は自由に書くことができます。スラッシュの代わりに「〜年〜月〜日」と表示したい場合は、次のように書きます。

■■ 日時を YY 年 MM 月 DD 日(曜日)形式で表示する

```
now.strftime('%y年%m月%d日(%a)')
```

　書式文字列で指定できるキーワードには、他にもいろいろな種類があります。

■■ 書式文字列で指定できるキーワード

キーワード	説明	例
%Y	西暦 4 桁	2021
%y	西暦の下 2 桁	21
%m	月	01
%d	日	09
%a	曜日の略称	Mon
%I	時間	11
%M	分	55
%S	秒	48

■ 型を確認する

　データの型(p.36)を確認したいときは、**type** 関数を使います。

■■ type 関数

```
type( 変数 )
```

■■ データの型を確認する

```
var1 = 1001
var2 = '180'

print(type(var1))
print(type(var2))
```

　上記のコードを実行すると、それぞれ「<class 'int'>」「<class 'str'>」と表示されるので、var1 は整数型、var2 は文字列型であることがわかります。

■ 型を変換する

　整数型の値を文字列に変換したり、文字列型の値を整数型に変換したりすることができます。文字列に変換する場合は「**str**」という関数を使います。整数に変換する場合は「**int**」という関数を使います。いずれも型と同じ名前なので、覚えやすいですね。

■ 文字列型に変換する

```
str( 変数 )
```

■ 整数型に変換する

```
int( 変数 )
```

　例えば、以下のように数値と文字列を結合しようとするとエラーが起きます。

■ 数値と文字列を結合

```
zipcode = 123 + '-' + 4567
```

　数値を文字列に変換すれば、エラーは起きません。

■ 数値を文字列に変換してから結合

```
zipcode = str(123) + '-' + str(4567)
```

■ 123 と 4567 を文字列に変換した上で結合

```
zipcode = 123 + '-' + 4567

---------------------------------------------------------------------------
TypeError                                 Traceback (most recent call last)
<ipython-input-57-04fc53733c23> in <module>
----> 1 zipcode = 123 + '-' + 4567

TypeError: unsupported operand type(s) for +: 'int' and 'str'

zipcode = str(123) + '-' + str(4567)

print(zipcode)

123-4567
```

1
自動化をはじめる準備

Python の基本　②分岐処理

条件を満たす場合とそうでない場合で処理を分ける分岐処理は、プログラミングにおいて特徴的なものです。分岐処理を使うと、状況に応じて処理内容を変える、臨機応変で実用的なプログラムが作れるようになります。

分岐とは、あらかじめ条件を設定して、条件を満たす場合に処理を実行することです。プログラムで頻繁に登場するとても重要なものです。分岐は「20歳以上の場合のみお酒を売る」「70点以上なら合格」など、普段の生活の中にもあふれています。

■ シンプルな分岐処理

はじめに最もシンプルな分岐処理を学習します。条件を満たす場合のみ処理を行い、満たさない場合は何もしません。

■■ 条件分岐（if）

```
if 条件：
    処理
```

         └─ Tab

分岐処理を書くときは「**if**（イフ）」からはじめます。ifと条件の間には半角スペースを入れてください。行末にはコロン「**:**」を入力します。次の行の冒頭に Tab を入力して字下げをし、その後に処理を書きます。

> **memo**
>
> JupyterLab では「if 条件:」と入力して Enter キーを押すと、次の行の先頭に自動的に Tab が入力されます。

次の例は「金額が 100 を超える」という条件を満たす場合に、「メッセージを表示する」という処理を実行するプログラムです。

■■ 金額が100以上であればメッセージを表示する

```
amount = 200      変数に金額を入れる

if amount > 100:   金額が100を超える場合、
    print('checked')  メッセージを表示する
```

amount=200で「金額が100を超える」という条件を満たしているので、上記を実行すると「checked」と表示されます。

!注意

処理の前に [Tab] を入れ忘れると、エラーになります。分岐処理の「if」は書かれているのに、その中の処理が書かれていない、不完全なプログラムだと判断されてしまうので注意してください。

```
[6]:  amount = 200
      if amount > 100:
      print('checked')   [Tab] の入れ忘れ

      File "<ipython-input-6-7eaf9329e59e>", line 3
          print('checked')
          ^
      IndentationError: expected an indented block
```

条件の書き方にはいろいろな種類がありますので、ひととおり覚えておきましょう。「等しい」と「等しくない」の条件は、見慣れない書き方になるので注意が必要です。「等しい」という条件を書く場合は、イコールを2つ重ねて「==」という記号を使います。「等しくない」は、エクスクラメーションマークとイコールを合わせて「!=」という記号を使います。

■■ 条件の書き方

条件の種類	書き方
等しい	amount == 100
等しくない	amount != 100
大きい・小さい	amount > 100 amount < 100
以上・以下	amount >= 100 amount <= 100

複数条件の分岐処理

① 条件を満たさない場合の処理を追加する

先の例は条件を満たす場合のみ処理を行い、満たさない場合は何もせず終了していました。「**else**（エルス）」を使うと、条件を満たさない場合の処理も記述することができます。

■ 条件分岐（if…else）

```
if 条件：
    処理 1
else:
    処理 2
```

条件を満たす場合は処理 1 が、満たさない場合は処理 2 が実行されます。変数 amount の値を変えながら、期待通りの結果になるか試してみてください。

■ 金額が 100 未満の場合とそれ以上の場合で異なるメッセージを表示する

```
amount = 200

if amount < 100:
    print('under100')
else:
    print('over100')
```

② さらに条件を追加する

条件を増やしてさらに細かく場合分けするには「**elif**（エルイフ）」を使います。

■ 条件分岐（if…elif…else）

```
if 条件 1:
    処理 1
elif 条件 2:
    処理 2
else:
    処理 3
```

　条件 1 を満たす場合は処理 1 が、条件 2 を満たす場合は処理 2 が、どの条件も満たさない場合は処理 3 が実行されます。条件の数は elif でさらに増やすことができます。次のコードは金額が 100 未満なら「under100」、200 未満であれば「under200」、200 以上であれば「over200」と表示されます。

■ 金額が 100 未満、200 未満、それ以外の場合で異なるメッセージを表示する

```
amount = 150

if amount < 100:
    print('under100')
elif amount < 200:
    print('under200')
else:
    print('over200')
```

　上記の例では金額が 150 なので、1 つ目の「100 より小さい」という条件には当てはまりませんが、2 つ目の「200 より小さい」には当てはまるため実行結果は「under200」となります。分岐では一致する条件が見つかった時点で処理が終わるため、3 つ目の条件については判定されません。

Python の基本　③リスト

リストは変数の一種で、関連性のある複数のデータを 1 つの変数でまとめて管理できます。次節で紹介する繰り返し処理や、Chapter4 の Web スクレイピングなどで必要になりますので、ここでリストの概要を知っておきましょう。

変数には整数を扱う「int」や文字列を扱う「str」のような型がありますが (p.36)、複数のデータを持つことができる変数の型を「**リスト**」と呼びます。リスト型を使うと、「郵便番号・住所・氏名」「身長・体重」など、関連性のある複数のデータを 1 つの変数で管理できます。

■ リストを作成する

リストの作り方は簡単で、角カッコ [] の中に、カンマ「,」区切りで値を並べていくだけです。カンマで区切られた値のことを「**要素**」といいます。

■ リストの作り方

```
変数名 = [ 値 0, 値 1, 値 2…]
```

ちなみに、角カッコ [] の中に何も書かなければ、空のリストを作ることができます。あらかじめ空のリストを作っておいて、後から要素を入れていくときに使います。

■ 空のリストの作り方

```
変数名 = [ ]
```

試しに、優先度を表す「priority」というリストを作ってみましょう。リスト「priority」には、「high」「medium」「low」の 3 つの要素を入れてみます。

■ リストに要素を追加する

```
priority = ['high','medium','low']
```

上記のコードを実行すると、リスト型の変数 priority の中に 3 つの要素が格納されます。それぞれ、0 番目、1 番目、2 番目の要素として認識されま

す。「0」番からはじまる点に注意しましょう。

■■ リスト「priority」

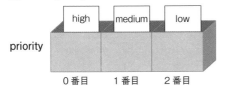

priority

0番目　1番目　2番目

リストの要素は、変数名を入力して実行すると確認できます。また、リスト内の特定の要素を取得する場合は「変数名 [番号]」のように指定します。

■■ リストの要素を確認する

```
[12]: priority

[12]: ['high', 'medium', 'low']

[13]: priority[0]

[13]: 'high'
```

■ リストの更新

作成したリストは後から要素の変更や追加が可能です。要素を変更するときは、変数に値を入れるのと同じように書けば OK です。試しに、先ほど作成したリスト「priority」の 1 番目の要素「medium」を「normal」に変更してみましょう。

■■ リストの要素を更新する

要素を指定して上書き

```
priority[1] = 'normal'
print(priority)
```

要素が変更されたことを確認

■■ リストが更新されたことを確認する

```
[15]: priority[1] = 'normal'
      priority

[15]: ['high', 'normal', 'low']
```

次に、リストに要素を追加する方法を２つ紹介します。末尾に追加する方法と、位置を指定して追加する方法があります。まず、末尾に追加する方法を見ていきましょう。リスト内の要素の順番を意識する必要がないので、シンプルでわかりやすいやり方です。

■■ リストの末尾に要素を追加する

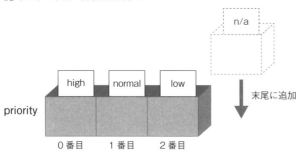

　リストの末尾に要素を追加するには **append**(アペンド)関数を使います。

■■ リストの末尾に要素を追加する

> # リスト .append(値)

　ここでは、リスト「priority」の末尾に「n/a」という要素を追加してみます。

■■ リストの末尾に要素を追加する

```
priority.append('n/a')
print(priority)
```

■■ リストに値が追加されたことを確認する

```
[16]: priority.append('n/a')
      priority

[16]: ['high', 'normal', 'low', 'n/a']
```

　続いて、位置を指定して要素を追加する **insert**(インサート)関数を紹介します。引数には、追加する位置と要素を指定します。

■■ 指定した位置に要素を追加する

リスト .insert(番号 , 値)

　今回はリスト「priority」の「high」と「normal」の間に「semi-high」という要素を追加してみます。先頭から 2 つ目の要素として追加しますが、0 から数え始めるため番号は「1」と指定します。

■■ 位置を指定して要素を追加する

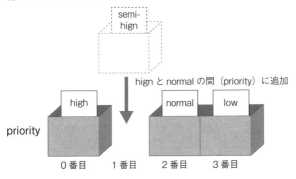

■■ リストの 1 番目に要素を追加する

```
priority.insert(1,'semi-high')
print(priority)
```

■■ リストに要素が追加されたことを確認する

```
[17]:  priority.insert(1,'semi-high')
       priority

[17]:  ['high', 'semi-high', 'normal', 'low', 'n/a']
```

> **memo**
>
> リストとよく似た型として、タプルというものがあります。リストは、変数にデータを設定した後でも要素を変更できますが、タプルは変更できない、という違いがあります。タプルは「priority=('high','medium','low')」のように、丸カッコ () で括って作成します。

連番を作る

「1から100まで」など、開始値と終了値が決まった**連番**を作る場合は**range**(レンジ)関数を使います。

■■ 連番を作る

> **変数名 = range(開始値 , 終了値)**

開始値は省略することもできます。省略したときは、開始値が自動的に「0」に設定されます。

■■ 連番を作る(開始値を省略)

> **変数名 = range(終了値)**

では、終了値を「5」として連番「number」を作成してみましょう。

■■ 終了値が5の連番を作る

```
number = range(5)
```

変数 number の型は range 型です。range 型に格納された値を確認するためには、一度リスト型に変換する必要があります。リスト型に変換するための関数 list を使って、number の中身を確認してみましょう。

■■ 連番をリスト型に変換する

```
list(number)
```

上記コードを実行すると、number に格納された値の一覧が表示されます。

> **memo**
>
> 実行結果を見てお気づきの方もいると思いますが、生成された連番の最後の値は「5」ではなく、「4」になっています。連番もリストと同様に0から数え始めるため、最後の値は、「終了値 -1」となる点に注意してください。

Python の基本　④繰り返し処理

> 繰り返しというのは、同じ処理を何度も行いたいときに、似たようなプログラムを何度も書かずに済む書き方です。分岐処理と同様、使用頻度が非常に高いので必ず覚えておきましょう。

　ここで紹介する繰り返し処理は2つあります。条件を満たす間はずっと繰り返す「**while**（ホワイル）」と、あらかじめ指定した回数だけ繰り返す「**for**（フォー）」です。

条件を満たす間繰り返す「while」

　while 文では、まず条件を設定します。「条件を満たす間」は繰り返し処理が実行されます。例えば、数を数えるために「count」という変数を使って、「**count < 5**」という条件を設定するとします。これは、数が5未満の間は繰り返す、言い換えると、数が5に達したら繰り返し処理を終了する、という意味になります。

■■ 繰り返し処理（while）

```
while 条件：
    処理
```
└─┘ Tab

　条件の後に、コロン「**:**」を入力するのを忘れないでください。その次の行で、Tab を入力して、処理を書きます。では、実際のプログラムを見てみましょう。次の例は、変数 count が5未満の間は、count の値を表示する処理を繰り返すプログラムです。

■■ count が5になるまで繰り返す

```
count = 0 ●········      変数 count に初期値を入れる

while count < 5:
    print(count) ●······   count の値を表示する
    count = count + 1 ●··   count を1増やす
```

count の値は 0 からはじまり、「count = count + 1」のところで値が 1
増えます。そして count の値が 5 に達したら「count < 5」の条件を満たさ
なくなるため、繰り返し処理が終了する、ということです。上記プログラムを
実行すると、以下のように count の値を出力できます。

```
[13]  count = 0
      while count < 5:
          print(count)
          count = count + 1

      0
      1
      2
      3
      4
```

繰り返す回数を指定する「for」

for を使った繰り返しでは、リストや range 型の値を指定します。リスト
の中に含まれる複数の値を 1 つずつ処理していきます。その値を格納するた
めの変数も、最初に設定します。

■■ 繰り返し処理(for)

```
for 変数名 in リスト :
    処理
```

        [Tab]

では、処理を 3 回繰り返すプログラムを作ってみます。変数には「number」
を使い、その number の値を print 関数で表示します。

■■ 処理を 3 回繰り返す

```
for number in range(3):
    print(number)
```

プログラムを実行すると、range(3) に含まれる値が 1 つずつ表示されます。

```
      for number in range(3):
          print(number)

      0
      1
      2
```

Pythonの基本　⑤エラーが起きたときの対処法

単純なスペルミスや文法の誤りなど、プログラミングにはエラーがつきものです。本節では、エラーの内容を調べる際のポイントや対処法を紹介します。

エラーが起きたときの対処法

エラーの内容を確認する

Pythonで起きるエラーは、「**構文エラー**(SyntaxError)」と「**例外**(exception)」の2つに分けられます。「構文エラー(SyntaxError)」というのは、プログラムの書き方が正しくないときに起きるエラーです。例えば繰り返し処理において、コロン「**:**」を書き忘れたときに発生します。

■■ コロンの書き忘れによる構文エラー

そして「例外(exception)」は、プログラムの書き方としては正しいけれど、プログラムを実行したときに起きてしまうエラーです。例えば、変数の名前を間違えたり、変数の型が定義されていない状態でいきなり変数を使うと、「NameError」というエラーが発生します。例外は、NameError以外にもさまざまな種類があります。

■■ 変数の型が定義されていないことによるエラー

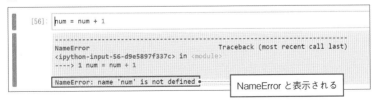

エラーが起きたときは焦らずに、エラーの内容を確認しましょう。チェックすべきポイントは、①どこで発生しているか、②原因は何か、という点です。

エラーが発生した場所と原因の調べ方

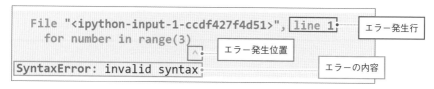

　上記の例では、「for number in range(3)」の下に、山型の文字である
キャレット「^」が表示されていますね。これは矢印「↑」のようなもので、エラー
が発生している箇所を特定してくれます。また、最後の行の「SyntaxError:」
の右に書かれているのがエラーの原因です。もしエラーの原因がわからないと
きは、エラーメッセージをインターネットで検索して調べてみましょう。

エラーを修正する

　上記の構文エラーでは、「invalid syntax」(誤った構文)という汎用的な
内容が書かれています。繰り返し処理の正しい書き方と見比べると、コロン
「:」が抜けているのだと判断することができます。ですから、コロン「:」を付
けて実行すれば、エラーが発生しなくなります。

コロンを追加

```
for number in range(3):    ← コロンを付けて修正
    print(number)
```

　続いて、もう1つの「NameError」についても確認しましょう。

NameError

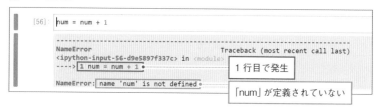

　この例ではエラーが1行目で発生しており、エラーの原因は「num」という
名前が定義されていない、と書かれています。これを解決するには、変数
num を使った数式を書く前に、num に何か値を入れます。値を入れることで、
num が整数型(int 型)として認識され、エラーが出なくなります。

56

■■ 変数 num に値を入れることで型を定義する

```
num = 0
num = number + 1
```

■ エラーが出ても処理を続行する

　エラーが起きると、そこで処理は中断してしまいます。エラーが起きること
をあらかじめ想定し、エラーが起きたときにわかりやすくメッセージを表示し
たり、処理を続行したりするには、**try**(トライ)**...except**(エクセプト)文を使
います。

■■ エラー発生時に処理を継続する

```
try:
    処理
except エラー名:
    エラー発生時の処理
```

　では、使い方を学習していきましょう。以下のプログラムでは、売上を表す
変数「sales」に 100 を入れて、人数を表す変数「members」には、画面上で
入力された値を入れます。画面で入力された値は文字列だと認識されてしまう
ので、整数型に変換するための int 関数を使います。その後、sales を
members で割った結果(1 人あたりの売上高)を表示します。

■■ 画面で入力された値を使って計算する

```
sales = 100
members = int(input('人数を入力してください'))
print(sales/members)
```

memo

input(インプット)関数を使うと、画面からの入力を受け付けることができます。
「input(文字列)」のように使い、文字列の部分には入力受付時に表示したいメッ
セージを記入します。

画面上で入力された値が「0」であれば「ZeroDivisionError(ゼロディビジョンエラー)」というエラーが発生します。起こりうるエラーが想定できる場合、先回りしてエラー時の対応を準備しておき、エラーが発生してもそのまま処理を続けるようにします。ここでは0が入力された場合に「入力した人数に誤りがあります」というメッセージを表示してみましょう。

■■ 0 が入力されてエラーになっても処理を続ける

```
try:
    sales = 100
    members = int(input('人数を入力してください'))
    print(sales/members)
except ZeroDivisionError:
    print('入力した人数に誤りがあります')
```

　先頭に「try」を書いてから処理を記述していきます。処理を書いたら、「except」で例外処理を書きます。例外処理を書くときは、どのようなエラーが発生した場合かを識別するために、エラーの名称を書きます。ここでは、ゼロで割り算したときに発生する「ZeroDivisionError」を設定します。

　このプログラムを実行して画面上で0を入力すると、エラーで中断されることなく、「入力した人数に誤りがあります」というメッセージが表示されます。

■■ エラーメッセージが表示されない

```
[3]: try:
         sales = 100
         members = int(input('人数を入力してください'))
         print(sales/members)
     except ZeroDivisionError:
         print('入力した値に誤りがあります')

     人数を入力してください 0
     入力した値に誤りがあります
```

memo

エラーの名称を指定せずに、「except:」とだけ書くこともできます。エラーの種類に関わらず、何かエラーが起きた場合の処理を書くことができます。

Python × Excel の自動化

本章では、Python を活用して Excel のデータを取り込み、加工・集計し、Excel に出力するまでの一連のデータ処理テクニックを紹介します。手作業では大変手間のかかるデータの結合作業などが一瞬で終わるため、労力を大幅に削減でき、作業品質を高めることができます。また、本章で紹介するライブラリには、高度なデータ分析を行うことができる優れた機能が多く、あなたの作業の付加価値を向上させることにもつながります。

2-1

データを取り込む

Excel のデータを Python で扱うには、いったんデータを取り込む必要があります。データを取り込む作業はとても簡単です。取り込んだあとは、Python でデータを操作していきます。

Excel ファイルのデータを取り込む

Excel のデータを Python に取り込むときに使うライブラリにはいろいろな種類がありますが、今回は「**pandas**(パンダス)」というライブラリを使います。

▪▪ Excel のデータを取り込む

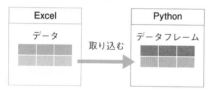

pandas で取り込んだデータは、**データフレーム**(DataFrame)というものに格納します。データフレームは、変数の型の1つです。Excel のデータをまるごとコピーしたものがデータフレームだと理解しておけばOKです。それでは、JupyterLab のノートブックを使ってプログラミングを進めていきましょう。

①pandas をインポートする

pandas というライブラリをインポートするとき、「pd」という別名を付けます。別名は使わなくても構いませんが、一般的に使われている名称なので、覚えておくとよいでしょう。

▪▪ pandas ライブラリに「pd」という別名を付けてインポートする

```
import pandas as pd
```

②ファイルパスを設定する

Python で取り込みたい Excel ファイルのファイルパスを指定します。ここでは、C:¥Users¥suzuki¥chapter2 にある「data.xlsx」というファイルを取り込むものとします。まず、「path」という変数にファイルパスを設定します。

■■ 取り込むファイルのパスを設定する

```
path = 'C:/Users/suzuki/chapter2/data.xlsx'
```

ファイルパスを設定するときは1つ注意が必要です。それは、パスの区切り文字には円マーク「¥」ではなく、スラッシュ「/」を使う、という点です。Windowsのエクスプローラーで表示されるファイルパス「C:¥Users¥suzuki¥chapter2¥data.xlsx」をそのまま使うと、エラーになります。なぜなら、Pythonでは円マーク「¥」が特殊な記号として扱われているからです。

> **memo**
>
> JupyterLabのノートブック上では、円マークはバックスラッシュ(\)で表示されます。

特殊な記号の扱い方について補足します。例えば、シングルクォーテーション「'」も特殊な記号の1つです。Pythonでは文字列をシングルクォーテーションで括る必要がありますが、シングルクォーテーション自体を文字列の中に含めると、以下のようにエラーが起きます。

■■ 特殊な記号によりエラーが起きる

```
[16]:  text = 'シングルクォーテーションは「'」と書きます'

       File "<ipython-input-16-4d308298fcf7>", line 1
         text = 'シングルクォーテーションは「'」と書きます'
                                          ^
     SyntaxError: invalid character in identifier
```

これは、文字列として使いたいシングルクォーテーションが、文字列を括って識別するための記号と認識されるためです。これを回避する方法として、特殊な記号の前に円マーク「¥」を付けることで、特殊な記号を文字列としてPythonに認識させることができます。

■■ 特殊な記号を文字列として扱う

```
text = 'シングルクォーテーションは「¥'」と書きます'
text
```

> シングルクォーテーションの前に円マークを付ける

61

先ほどのファイルパスについても、区切り文字にスラッシュではなく円マークを使いたいときは、円マーク「¥」を付けることによって、エラーを出さずにファイルパスを設定することができます。

■: ファイルパスに¥を使う

```
path = 'C:¥¥Users¥¥suzuki¥¥chapter2¥¥data.xlsx'
```

円マークの前に円マークを付ける

③データを取り込む

Excel のデータを取り込むときは、pandas ライブラリに含まれている **read_excel**(リードエクセル)関数を使います。引数には、ファイルパスを指定します。

■: Excel のデータを取り込む

pd.read_excel(ファイルパス)

では、先ほど設定したファイルパスを使って Excel のデータを取り込み、取り込んだデータを「data」という変数に格納してみましょう。この data の型は**データフレーム**(DataFrame)になります。

■: Excel のデータを取り込み、変数に格納する

```
data = pd.read_excel(path)
```

memo

変数 path を使わずに「data = pd.read_excel('C:/Users/suzuki/chapter2/data.xlsx')」と書いてカッコ内にファイルパスを直接入力しても OK です。

④データの中身を確認する

変数 data の中には Excel から取り込んだデータが入っているはずですが、きちんと取り込めているのかどうかを確認しておきます。変数名を書いて実行すれば、変数の中身がすべて表示されます。

■: 変数 data の中身を表示する

```
data
```

data.xlsx

	案件番号	案件名	責任者	金額	種別	受注日	納品期限
0	100192	RPAツールの開発業務	高橋 優子	500000	継続	2021-09-10	2021-12-08
1	100195	デザインの相談	高橋 優子	300000	スポット	2021-09-12	2021-09-20
2	100197	パッケージデザイン	田中 希美	50000	スポット	2021-09-13	2021-10-06
3	100201	アプリの新規開発・改修業務	佐藤 菜美	900000	継続	2021-09-17	2021-12-17
4	100202	サービスのロゴ作成	桐生 奈美	50000	スポット	2021-09-17	2021-10-08
5	100204	バナーのデザイン	田中 彩子	20000	スポット	2021-09-21	2021-10-10
6	100208	サービス紹介のチラシ作成	渡辺 里奈	90000	スポット	2021-09-23	2021-10-14
7	100209	iOS開発業務	佐藤 衣子	800000	継続	2021-09-24	2021-12-01
8	100210	プロダクト開発業務	佐藤 茂	900000	継続	2021-09-24	2021-12-02
9	100215	UI・UX改善	渡辺 里奈	500000	継続	2021-09-29	2021-12-10
10	100216	データ分析業務	山吹 茂	300000	継続	2021-09-30	2021-12-02
11	100221	WEBサイトデザイン	佐藤 心音	450000	継続	2021-10-03	2021-12-04
12	100223	バックエンド開発	一条 梨乃	300000	継続	2021-10-04	2021-12-23
13	100224	WEBアプリケーション開発業務	斎藤 和夫	600000	継続	2021-10-06	2021-12-10
14	100226	自社サービスの開発	田中 奈美	300000	継続	2021-10-09	2021-12-02

CSV ファイルのデータを取り込む

次に、CSV ファイルのデータを Python に取り込んでみましょう。やり方は Excel ファイルの取り込みとよく似ているので、わかりやすいです。

①pandas をインポートする

pandas ライブラリをインポートします。なお、ノートブックの起動中は、一度インポートしたら再度インポートする必要はありません。

pandas ライブラリに「pd」という別名を付けてインポートする

```
import pandas as pd
```

②ファイルパスを設定する

Python で取り込みたい CSV ファイルのファイルパスを指定します。ここでは、C:¥Users¥suzuki¥chapter2 にある「data.csv」というファイルを取り込むものとします。まず、「path」という変数にファイルパスを設定します。

■■ 取り込むファイルのパスを設定する

```
path = 'C:/Users/suzuki/chapter2/data.csv'
```

③データを取り込む

　CSV 形式のデータを取り込むときは、pandas ライブラリに含まれている **read_csv**（リードシーエスブイ）関数を使います。先の read_excel 関数と同様、引数にはファイルパスを指定します。

■■ CSV のデータを取り込む

pd.read_csv**(ファイルパス)**

　では、C:¥Users¥suzuki¥chapter2 にある CSV ファイル「data.csv」を取り込んでみましょう。

■■ CSV のデータを取り込み、変数に格納する

```
data = pd.read_csv(path)
```

> **!注意**
>
> CSV ファイルの文字コードは「UTF-8」（ユーティーエフエイト）でないといけません。UTF-8 ではない CSV ファイルを取り込もうとすると、「UnicodeDecodeError」というエラーが表示されます。
>
> 文字コードを確認するときは、CSV ファイルを Windows のメモ帳で開いてみてください。メモ帳の右下に文字コードが表示されます。

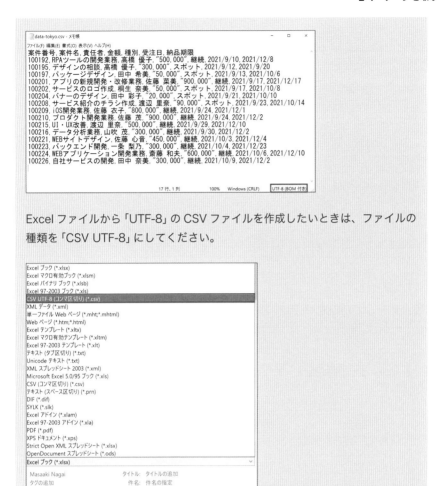

Excel ファイルから「UTF-8」の CSV ファイルを作成したいときは、ファイルの
種類を「CSV UTF-8」にしてください。

④データの中身を確認する

CSV データが正しく取り込めたかどうかを確認します。Excel ファイルと同
様、変数名を書いて実行します。

■■ 変数 data の中身を確認する

```
data
```

データの内容を確認する

データが格納された変数名を入力して実行すると、その変数に入っているデータが全件表示されてしまいます。そこで、どのようなデータが入っているのかをおおまかに確認する方法を知っておくと便利です。前節の案件一覧データ（data.xlsx）を題材に、データの内容の確認方法を紹介します。

前節（p.60）で紹介した以下のコードがすでに実行されているものとします。

```python
import pandas as pd
path = 'C:/Users/suzuki/chapter2/data.xlsx'
data = pd.read_excel(path)
```

データの先頭 5 行を表示する

データの先頭だけを表示するには、**head**（ヘッド）関数を使います。

データの先頭 5 行を表示する

```
データフレーム .head()
```

データの先頭 5 行を表示する

```python
data.head()
```

data.xlsx（先頭 5 行）

```
[5]:  data.head()
```

	案件番号	案件名	責任者	金額	種別	受注日	納品期限
0	100192	RPAツールの開発業務	高橋 優子	500,000	継続	2021/9/10	2021/12/8
1	100195	デザインの相談	高橋 優子	300,000	スポット	2021/9/12	2021/9/20
2	100197	パッケージデザイン	田中 希美	50,000	スポット	2021/9/13	2021/10/6
3	100201	アプリの新規開発・改修業務	佐藤 菜美	900,000	継続	2021/9/17	2021/12/17
4	100202	サービスのロゴ作成	桐生 奈美	50,000	スポット	2021/9/17	2021/10/8

head 関数は引数に何も指定しなければ、先頭 5 行を表示します。表示するデータの行数を指定したいときは、カッコ内に行数を入れてください。

██ データの先頭 3 行を表示する

```
data.head(3)
```

██ 表示する行数を変更する

```
[5]:  data.head(3)
```

	案件番号	案件名	責任者	金額	種別	受注日	納品期限
0	100192	RPAツールの開発業務	高橋 優子	500,000	継続	2021/9/10	2021/12/8
1	100195	デザインの相談	高橋 優子	300,000	スポット	2021/9/12	2021/9/20
2	100197	パッケージデザイン	田中 希美	50,000	スポット	2021/9/13	2021/10/6

データの末尾 5 行を表示する

データの末尾 5 行を表示するには、**tail**(テイル)関数を使います。

██ データの末尾 5 行を表示する

データフレーム .tail()

██ データの末尾 5 行を表示する

```
data.tail()
```

██ data.xlsx(末尾 5 行)

```
[6]:  data.tail()
```

	案件番号	案件名	責任者	金額	種別	受注日	納品期限
10	100216	データ分析業務	山吹 茂	300,000	継続	2021/9/30	2021/12/2
11	100221	WEBサイトデザイン	佐藤 心音	450,000	継続	2021/10/3	2021/12/4
12	100223	バックエンド開発	一条 梨乃	300,000	継続	2021/10/4	2021/12/23
13	100224	WEBアプリケーション開発業務	斎藤 和夫	600,000	継続	2021/10/6	2021/12/10
14	100226	自社サービスの開発	田中 奈美	300,000	継続	2021/10/9	2021/12/2

先の head 関数と同様に、表示する行数を変更したい場合はカッコ内で行数を指定してください。

██ データの末尾 3 行を表示する

```
data.tail(3)
```

■■ 表示する行数を変更する

```
[6]: data.tail(3)
```

	案件番号	案件名	責任者	金額	種別	受注日	納品期限
12	100223	バックエンド開発	一条 梨乃	300,000	継続	2021/10/4	2021/12/23
13	100224	WEBアプリケーション開発業務	斎藤 和夫	600,000	継続	2021/10/6	2021/12/10
14	100226	自社サービスの開発	田中 奈美	300,000	継続	2021/10/9	2021/12/2

データのサマリーを表示する

info(インフォ)関数を使うと、データの行数と列数、そして列ごとの情報を表示できます。データの全体像をおおまかに把握したいときに便利な関数です。

■■ データのサマリーを表示する

> **データフレーム .info()**

では、変数 data に入っている data.xlsx の情報を見てみましょう。

■■ data.xlsx のサマリーを表示する

```
data.info()
```

これを実行すると、次のような結果が表示されます。全体の行数や列数、データ型などを確認できます。

■■ data.xlsx のサマリー

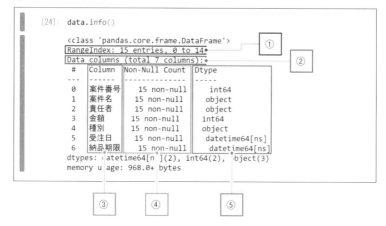

■■ info 関数の実行結果

	名称	説明
①	RangeIndex	行数
②	Data columns	列数
③	Column	列名
④	Non-Null Count	空白を除くデータの個数
⑤	DType	型 ・object：文字列 ・int：整数 ・datetime：日付 ※ Python が自動的に型を判断するので、想定している型と異なることが多々あります。

> **注意**
>
> Excel ファイルと CSV ファイルで、判断される型が変わることがあります。

データの統計情報を確認する

最大値や最小値といったデータの統計情報を表示したいときは、**describe**（ディスクライブ）関数を使います。カッコの中には「include='all'」というキーワードを指定します。

■■ データの概要を表示する

データフレーム .describe(include = 'all')

■■ data.xlsx の統計情報を表示する

```
data.describe(include = 'all')
```

実行すると次のように表示されます。

[38]	案件番号	案件名	責任者	金額	種別	受注日	納品期限
count	15.000000	15	15	15.000000	15	15	15
unique	NaN	15	13	NaN	2	13	12
top	NaN	プロダクト開発業務	渡辺里奈	NaN	継続	2021-09-24 00:00:00	2021-12-02 00:00:00
freq	NaN	1	2	NaN	10	2	3
first	NaN	NaN	NaN	NaN	NaN	2021-09-10 00:00:00	2021-09-20 00:00:00
last	NaN	NaN	NaN	NaN	NaN	2021-10-09 00:00:00	2021-12-23 00:00:00
mean	100209.533333	NaN	NaN	404000.000000	NaN	NaN	NaN
std	11.031556	NaN	NaN	298539.301074	NaN	NaN	NaN
min	100192.000000	NaN	NaN	20000.000000	NaN	NaN	NaN
25%	100201.500000	NaN	NaN	195000.000000	NaN	NaN	NaN
50%	100209.000000	NaN	NaN	300000.000000	NaN	NaN	NaN
75%	100218.500000	NaN	NaN	550000.000000	NaN	NaN	NaN
max	100226.000000	NaN	NaN	900000.000000	NaN	NaN	NaN

列名

統計項目

memo

NaN は「not a number」(数値ではない)の略で、計算不能な値を表示するときに使われます。

⚠ 注 意

describe 関数を実行したとき、以下のような警告(エラーではありません)が表示されることがあります。

「FutureWarning: Treating datetime data as categorical rather than numeric in `.describe` is deprecated and will be removed in a future version of pandas.」

警告を表示したくない場合は、カッコ内に「datetime_is_numeric=True」という引数を指定してください。
data.describe(include='all', datetime_is_numeric=True)

それでは、実行結果の見方を説明します。あなたが見たい項目だけ確認すればOKです。

▛ describe 関数の実行結果

統計項目	説明
count	空白を除くデータの個数
unique	重複を除くデータの個数
top	登場頻度が最も高いデータ
freq	登場頻度が最も高いデータの登場回数
first	日時が最も古いデータ
last	日時が最も新しいデータ
mean	平均値
std	標準偏差
min	最小値
25%	データを小さい順に並べたとき、先頭から 1/4 の位置にある数（いわゆる第 1 四分位数）
50%	データを小さい順に並べたとき、真ん中にある数（いわゆる第 2 四分位数、中央値）
75%	データを小さい順に並べたとき、先頭から 3/4 の位置にある数（いわゆる第 3 四分位数）
max	最大値

データの件数を取得する

　データの行数や列数を取得するには、**len**（レン）関数を使います。データの行数を取得するには、引数にデータフレームを指定します。

▛ データの行数を表示する

```
len(データフレーム)
```

　データの列数を取得したい場合は、引数のデータフレームに columns（カラムズ）というキーワードを付け足します。

▛ データの列数を表示する

```
len(データフレーム .columns)
```

　では、変数 data に入っている data.xlsx の行数を表示してみましょう。

■: データの行数を調べる

```
len(data)
```

実行すると「15」と表示されます。

データの値を取得する

　表内の特定のデータを取得するには、**loc**(ロック)属性を使います。角カッコ [] 内に、行番号と列名を指定します。

■: データを表示する

データフレーム .loc[行番号 ,' 列名 ']

　列名ではなく列番号で指定したいときは、**iloc**(アイロック)属性を使います。

■: データを表示する

データフレーム .iloc[行番号 , 列番号]

　では、変数 data に入っている data.xlsx のデータを表示してみましょう。「案件名」列の行番号「1」にあるデータを指定します。

■: 1 行目、1 列目を指定

	案件番号	案件名	責任者	金額	種別	受注日	納品期限
0	100192	RPAツールの開発業務	高橋 優子	500000	継続	2021-09-10	2021-12-08
1	100195	デザインの相談	高橋 優子	300000	スポット	2021-09-12	2021-09-20
2	100197	パッケージデザイン	田中 希美	50000	スポット	2021-09-13	2021-10-06
3	100201	アプリの新規開発・改修業務	佐藤 菜美	900000	継続	2021-09-17	2021-12-17
4	100202	サービスのロゴ作成	桐生 奈美	50000	スポット	2021-09-17	2021-10-08

■: 行番号と列名で指定したデータを表示する

```
data.loc[1, '案件名']
```

■: 行番号と列番号で指定したデータを表示する

```
data.iloc[1, 1]
```

　実行すると、それぞれ「' デザインの相談 '」と表示されます。

データをソートする

Pandas のライブラリを使って取得したデータに対して、列を指定してソートできます。さらに、複数の列をまとめてソートすることもできます。

案件一覧データ(data.xlsx)を題材に、データをソートしてみましょう。変数 data には、data.xlsx から取り込まれた以下のデータが入っているものとします。あらかじめ p.66 の冒頭の 3 行が実行されていることを前提とします。

▪▪ data.xlsx

	案件番号	案件名	責任者	金額	種別	受注日	納品期限
0	100192	RPAツールの開発業務	高橋 優子	500000	継続	2021-09-10	2021-12-08
1	100195	デザインの相談	高橋 優子	300000	スポット	2021-09-12	2021-09-20
2	100197	パッケージデザイン	田中 希美	50000	スポット	2021-09-13	2021-10-06
3	100201	アプリの新規開発・改修業務	佐藤 菜実	900000	継続	2021-09-17	2021-12-17
4	100202	サービスのロゴ作成	桐生 奈美	50000	スポット	2021-09-17	2021-10-08
5	100204	バナーのデザイン	田中 彩子	20000	スポット	2021-09-21	2021-10-10
6	100208	サービス紹介のチラシ作成	渡辺 里奈	90000	スポット	2021-09-23	2021-10-14
7	100209	iOS開発業務	佐藤 衣子	800000	継続	2021-09-24	2021-12-01
8	100210	プロダクト開発業務	佐藤 茂	900000	継続	2021-09-24	2021-12-02
9	100215	UI・UX改善	渡辺 里奈	500000	継続	2021-09-29	2021-12-10
10	100216	データ分析業務	山吹 茂	300000	継続	2021-09-30	2021-12-02
11	100221	WEBサイトデザイン	佐藤 心音	450000	継続	2021-10-03	2021-12-04
12	100223	バックエンド開発	一条 梨乃	300000	継続	2021-10-04	2021-12-23
13	100224	WEBアプリケーション開発業務	斎藤 和夫	600000	継続	2021-10-06	2021-12-10
14	100226	自社サービスの開発	田中 奈美	300000	継続	2021-10-09	2021-12-02

1 つの列をソートする

ソートするには、**sort_values**(ソートバリューズ)関数を使います。どの列でソートするかをカッコ内の引数で指定します。

▪▪ 1 つの列でソートする(昇順)

```
データフレーム .sort_values(by=' 列名 ')
```

例えば「納品期限」列でソートするなら、次のように書きます。

■■ 1つの列でソートする（昇順）

```
data.sort_values(by='納品期限')
```

■■ 「納品期限」列が旧→新でソートされる

	案件番号	案件名	責任者	金額	種別	受注日	納品期限
1	100195	デザインの相談	高橋 優子	300000	スポット	2021-09-12	2021-09-20
2	100197	パッケージデザイン	田中 希美	50000	スポット	2021-09-13	2021-10-06
4	100202	サービスのロゴ作成	桐生 奈美	50000	スポット	2021-09-17	2021-10-08
5	100204	バナーのデザイン	田中 彩子	20000	スポット	2021-09-21	2021-10-10
6	100208	サービス紹介のチラシ作成	渡辺 里奈	90000	スポット	2021-09-23	2021-10-14
7	100209	iOS開発業務	佐藤 衣子	800000	継続	2021-09-24	2021-12-01
8	100210	プロダクト開発業務	佐藤 茂	900000	継続	2021-09-24	2021-12-02
10	100216	データ分析業務	山吹 茂	300000	継続	2021-09-30	2021-12-02
14	100226	自社サービスの開発	田中 奈美	300000	継続	2021-10-09	2021-12-02
11	100221	WEBサイトデザイン	佐藤 心音	450000	継続	2021-10-03	2021-12-04
0	100192	RPAツールの開発業務	高橋 優子	500000	継続	2021-09-10	2021-12-08
9	100215	UI・UX改善	渡辺 里奈	500000	継続	2021-09-29	2021-12-10
13	100224	WEBアプリケーション開発業務	斎藤 和夫	600000	継続	2021-10-06	2021-12-10
3	100201	アプリの新規開発・改修業務	佐藤 菜美	900000	継続	2021-09-17	2021-12-17
12	100223	バックエンド開発	一条 梨乃	300000	継続	2021-10-04	2021-12-23

昇順でソートされる

　sort_values 関数は、初期状態では昇順にソートされます。これを降順にするには、引数に「ascending=False」と指定します。「ascending」は昇順、「False」は否定（～ではない）を表すので、昇順ではないという指定をしていることになります。「False」の反対の言葉は「True」で、肯定（～である）を意味します。

■■ 1つの列でソートする（降順）

> **データフレーム .sort_values(by=' 列名 ', ascending=False)**

> **！注意**
>
> False の「F」は大文字です。小文字にすると「NameError」というエラーが発生するので注意してください。

■■ 1つの列でソートする（降順）

```
data.sort_values(by='納品期限', ascending=False)
```

実行結果が次のように、納品期限の降順で並んでいれば成功です。

■■ 「納品期限」列の日付が新→旧でソートされる

	案件番号	案件名	責任者	金額	種別	受注日	納品期限
12	100223	バックエンド開発	一条 梨乃	300000	継続	2021-10-04	2021-12-23
3	100201	アプリの新規開発・改修業務	佐藤 菜美	900000	継続	2021-09-17	2021-12-17
9	100215	UI・UX改善	渡辺 里奈	500000	継続	2021-09-29	2021-12-10
13	100224	WEBアプリケーション開発業務	斎藤 和夫	600000	継続	2021-10-06	2021-12-10
0	100192	RPAツールの開発業務	高橋 優子	500000	継続	2021-09-10	2021-12-08
11	100221	WEBサイトデザイン	佐藤 心音	450000	継続	2021-10-03	2021-12-04
8	100210	プロダクト開発業務	佐藤 茂	900000	継続	2021-09-24	2021-12-02
10	100216	データ分析業務	山吹 茂	300000	継続	2021-09-30	2021-12-02
14	100226	自社サービスの開発	田中 奈美	300000	継続	2021-10-09	2021-12-02
7	100209	iOS開発業務	佐藤 衣子	800000	継続	2021-09-24	2021-12-01
6	100208	サービス紹介のチラシ作成	渡辺 里奈	90000	スポット	2021-09-23	2021-10-14
5	100204	バナーのデザイン	田中 彩子	20000	スポット	2021-09-21	2021-10-10
4	100202	サービスのロゴ作成	桐生 奈美	50000	スポット	2021-09-17	2021-10-08
2	100197	パッケージデザイン	田中 希美	50000	スポット	2021-09-13	2021-10-06
1	100195	デザインの相談	高橋 優子	300000	スポット	2021-09-12	2021-09-20

降順でソートされる

複数列をソートする

複数列でソートするには、リストを使います。リストの中で指定した列の順番にソートされます。

■■ 複数列でソートする

データフレーム.sort_values(by=[' 列名 1', ' 列名 2', ‥])

memo

リストは、複数のデータを持つことができる変数です（p.48）。

例えば「納品期限」列と「金額」列でソートするなら、以下のように書きます。

■■ 2 つの列でソートする

```
data.sort_values(by=['納品期限', '金額'])
```

実行結果は以下のようになります。納品期限の昇順で並べ替えられたあと、金額の昇順で並べ替えられていることがわかります。

■■ 「納品期限」列を昇順でソートした後、「金額」列を昇順でソート

	案件番号	案件名	責任者	金額	種別	受注日	納品期限
1	100195	デザインの相談	高橋 優子	300000	スポット	2021-09-12	2021-09-20
2	100197	パッケージデザイン	田中 希美	50000	スポット	2021-09-13	2021-10-06
4	100202	サービスのロゴ作成	桐生 奈美	50000	スポット	2021-09-17	2021-10-08
5	100204	バナーのデザイン	田中 彩子	20000	スポット	2021-09-21	2021-10-10
6	100208	サービス紹介のチラシ作成	渡辺 里奈	90000	スポット	2021-09-23	2021-10-14
7	100209	iOS開発業務	佐藤 衣子	800000	継続	2021-09-24	2021-12-01
10	100216	データ分析業務	山吹 茂	300000	継続	2021-09-30	2021-12-02
14	100226	自社サービスの開発	田中 奈美	300000	継続	2021-10-09	2021-12-02
8	100210	プロダクト開発業務	佐藤 茂	900000	継続	2021-09-24	2021-12-02
11	100221	WEBサイトデザイン	佐藤 心音	450000	継続	2021-10-03	2021-12-04
0	100192	RPAツールの開発業務	高橋 優子	500000	継続	2021-09-10	2021-12-08
9	100215	UI・UX改善	渡辺 里奈	500000	継続	2021-09-29	2021-12-10
13	100224	WEBアプリケーション開発業務	斎藤 和夫	600000	継続	2021-10-06	2021-12-10
3	100201	アプリの新規開発・改修業務	佐藤 菜美	900000	継続	2021-09-17	2021-12-17
12	100223	バックエンド開発	一条 梨乃	300000	継続	2021-10-04	2021-12-23

複数列をソートするとき、列ごとにソート順(昇順 / 降順)を指定したい場合は、引数の ascending にもリストを使って、[ソート順 1, ソート順 2] のように指定します。ソート順には、昇順の場合は「True」、降順の場合は「False」を指定します。

■■ 列ごとにソート順を指定する

> **データフレーム .sort_values(by=[' 列名 1',' 列名 2'],**
> **ascending=[ソート順 1, ソート順 2])**

例えば、「納品期限」列を昇順でソートし、「金額」列を降順でソートしたいときは次のように書きます。

■■ 「納品期限」列を昇順、「金額」列を降順でソートする

```
data.sort_values(by=['納品期限','金額'],
    ascending=[True,False])
```

❗注意

True や False の先頭の字「T」や「F」は大文字で書いてください。小文字だとエラーになります。

■■■ 「納品期限」列を昇順でソートした後、「金額」列を降順でソート

	案件番号	案件名	責任者	金額	種別	受注日	納品期限
				降順			**昇順**
1	100195	デザインの相談	髙橋 優子	300000	スポット	2021-09-12	2021-09-20
2	100197	パッケージデザイン	田中 希美	50000	スポット	2021-09-13	2021-10-06
4	100202	サービスのロゴ作成	桐生 奈美	50000	スポット	2021-09-17	2021-10-08
5	100204	バナーのデザイン	田中 彩子	20000	スポット	2021-09-21	2021-10-10
6	100208	サービス紹介のチラシ作成	渡辺 里奈	90000	スポット	2021-09-23	2021-10-14
7	100209	iOS開発業務	佐藤 衣子	800000	継続	2021-09-24	2021-12-01
8	100210	プロダクト開発業務	佐藤 茂	900000	継続	2021-09-24	2021-12-02
10	100216	データ分析業務	山吹 茂	300000	継続	2021-09-30	2021-12-02
14	100226	自社サービスの開発	田中 奈美	300000	継続	2021-10-09	2021-12-02
11	100221	WEBサイトデザイン	佐藤 心音	450000	継続	2021-10-03	2021-12-04
0	100192	RPAツールの開発業務	髙橋 優子	500000	継続	2021-09-10	2021-12-08
13	100224	WEBアプリケーション開発業務	斎藤 和夫	600000	継続	2021-10-06	2021-12-10
9	100215	UI・UX改善	渡辺 里奈	500000	継続	2021-09-29	2021-12-10
3	100201	アプリの新規開発・改修業務	佐藤 菜美	900000	継続	2021-09-17	2021-12-17
12	100223	バックエンド開発	一条 梨乃	300000	継続	2021-10-04	2021-12-23

2

Python × Excel の自動化

> ⚠️ **注意**
>
> CSVで取り込んだデータの場合、日付が文字列として認識され、上図のように
> ソートされません。

データを絞り込む

Excelのフィルター機能のように、Pythonでもたくさんのデータの中から特定の条件に合致するものだけを表示することができます。「金額が30000以上」といった明確な条件はもちろん、「担当者名に"田中"を含む」のようなあいまいな条件で絞り込むことも可能です。

条件を指定してデータを絞り込む

データを絞り込むときは、**query**(クエリ)関数を使います。カッコ内で、絞り込む条件式を指定します。

1つの条件で絞り込む

query関数は次のように記述します。

■ 1つの条件で絞り込む

> **データフレーム .query(条件式)**

条件式で使用する主な記号はこちらです。

■ 条件式で使う記号

記号	意味
==	等しい
!=	等しくない
>	〜より大きい
>=	〜以上
<	〜未満
<=	〜以下

では、金額が60000未満のデータに絞り込んでみましょう。条件式は「金額 < 60000」となり、それを文字列にするためにシングルクォーテーション「'」で囲みます。変数 data には「data.xlsx」のデータが入っているものとします。また、あらかじめp.66の冒頭の3行が実行されているものとします。

■■ 金額が 60000 未満のデータに絞り込む

```
data.query('金額 < 60000')
```

■■ 「金額」列の値が 60000 未満の行のみ表示

	案件番号	案件名	責任者	金額	種別	受注日	納品期限
2	100197	パッケージデザイン	田中 希美	50000	スポット	2021-09-13	2021-10-06
4	100202	サービスのロゴ作成	桐生 奈美	50000	スポット	2021-09-17	2021-10-08
5	100204	バナーのデザイン	田中 彩子	20000	スポット	2021-09-21	2021-10-10

　次に、金額が 30000 以上 60000 未満のデータに絞り込んでみましょう。先ほどの条件式「金額 < 60000」の前に、「30000 <=」という条件を書き足せばOK です。

■■ 金額が 30000 以上 60000 未満のデータに絞り込む

```
data.query('30000 <= 金額 < 60000')
```

■■ 「金額」列の値が 30000 以上 60000 未満の行のみ表示

	案件番号	案件名	責任者	金額	種別	受注日	納品期限
2	100197	パッケージデザイン	田中 希美	50000	スポット	2021-09-13	2021-10-06
4	100202	サービスのロゴ作成	桐生 奈美	50000	スポット	2021-09-17	2021-10-08

　query 関数では数値だけでなく、文字列で絞り込むこともできます。ここでは、種別が「スポット」のデータに絞り込みます。等しいという意味の記号はイコールを 2 つ重ねた「==」ですので、条件式は「種別 == "スポット"」となります。スポットの部分は、ダブルクォーテーション「"」で囲みます。

■■ 種別が「スポット」のデータに絞り込む

```
data.query('種別 == "スポット"')
```

> 「"スポット"」の後にシングルクォーテーション「'」があります。

複数の条件で絞り込む

複数の条件を組み合わせて絞り込むこともできます。条件を複数設定するときは、条件と条件をつなげるための記号が必要になります。

複数の条件で使う記号

記号	意味
&	かつ
|	または

2つの条件を満たすデータに絞り込む

データフレーム .query(条件式 1 & 条件式 2)

では、金額が 60000 未満かつ種別が「スポット」のデータに絞り込む例を見てみましょう。

金額が 60000 未満かつ種別が「スポット」のデータに絞り込む

```
data.query('金額 < 60000 & 種別 == "スポット"')
```

実行結果は次のようになります。

「金額」列の値が 60000 未満かつ「種別」列の値が「スポット」の行のみ表示

	案件番号	案件名	責任者	金額	種別	受注日	納品期限
2	100197	パッケージデザイン	田中 希美	50000	スポット	2021-09-13	2021-10-06
4	100202	サービスのロゴ作成	桐生 奈美	50000	スポット	2021-09-17	2021-10-08
5	100204	バナーのデザイン	田中 彩子	20000	スポット	2021-09-21	2021-10-10

あいまい検索

「〜ではじまる」「〜で終わる」「〜を含む」といった検索方法を、あいまい検索(または部分一致検索)といいます。書き方がやや特殊なので、覚える必要はありませんが、参考程度にご覧ください。

「○○ではじまる」データに絞り込む

```
data.query(' 列名 .str.startswith(" 文字 ")', engine='python')
```

では、責任者の名前が「田中」ではじまるデータを絞り込んでみましょう。

責任者が「田中」ではじまるデータに絞り込む

```
data.query('責任者.str.startswith("田中")', engine='python')
```

「責任者」列の値が「田中」ではじまる行のみ表示

	案件番号	案件名	責任者	金額	種別	受注日	納品期限
2	100197	パッケージデザイン	田中 希美	50000	スポット	2021-09-13	2021-10-06
5	100204	バナーのデザイン	田中 彩子	20000	スポット	2021-09-21	2021-10-10
14	100226	自社サービスの開発	田中 奈美	300000	継続	2021-10-09	2021-12-02

その他のあいまい検索についても書き方は同様です。下表を参考にしてください。

あいまい検索

検索方法	書き方
〜ではじまる(前方一致)	列名 .str.startswith(" 文字 ")
〜で終わる(後方一致)	列名 .str.endswith(" 文字 ")
〜を含む(部分一致)	列名 .str.contains(" 文字 ")

データを集計する

Excel では sum や avarage などの関数を用いてデータを集計できます。Python で同じようにデータを集計するには groupby（グループバイ）関数を使います。

groupby 関数では、集計する列や集計方法を引数で指定できます。変数 data には「data.xlsx」のデータが入っているものとします。また、p.66 の冒頭の 3 行が実行されているものとします。

合計する

groupby 関数のカッコ内に、集計対象の列名を指定します。さらにその後に sum（サム）関数を使います。

列名を指定して集計する

データフレーム .groupby(' 列名 ').sum()

試しに「種別」列の値ごとに合計値を出してみましょう。

「種別」列の値ごとに数値を集計する

```
data.groupby('種別').sum()
```

実行結果は次のようになります。種別は「スポット」と「継続」の 2 種類です。種別が左側に表示され、種別ごとに案件番号と金額の合計値が表示されます。なぜ案件番号まで集計されるかというと、数値データが入っていると認識されている列すべてが集計されるからです。

種別ごとに案件番号と金額を合計する

種別	案件番号	金額
スポット	501006	510000
継続	1002137	5550000

平均する

平均値を取得するには、**mean**(ミーン)関数を使います。先の例と同様、「種別」列の値ごとに平均を算出してみましょう。

列名を指定して平均する

```
データフレーム .groupby(' 列名 ').mean()
```

「種別」列の値ごとに数値を平均する

```
data.groupby('種別').mean()
```

実行結果は次のようになります。

種別ごとに案件番号と金額の平均を求める

種別	案件番号	金額
スポット	100201.2	102000.0
継続	100213.7	555000.0

最大値・最小値を求める

データを扱うときに最大値・最小値を確認しておくと、不自然な値が入っていないかチェックしたり、集計範囲を確認したりすることができます。最大値には **max**(マックス)関数、最小値には **min**(ミニマム)関数を使います。

最大値を取得する

```
データフレーム .groupby(' 列名 ').max()
```

最小値を取得する

```
データフレーム .groupby(' 列名 ').min()
```

実際に種別ごとの最大値を取得してみましょう。コードは次のように書きます。

■ 種別ごとの最大値を取得する

```
data.groupby('種別').max()
```

実行すると、種別「スポット」「継続」それぞれの最大値が表示されます。

■ 「種別」列の値ごとに最大値を表示

種別	案件番号	案件名	責任者	金額	受注日	納品期限
スポット	100208	パッケージデザイン	高橋 優子	300000	2021-09-23	2021-10-14
継続	100226	自社サービスの開発	高橋 優子	900000	2021-10-09	2021-12-23

最小値も同様に取得できます。

■ 種別ごとの最小値を取得する

```
data.groupby('種別').min()
```

■ 「種別」列の値ごとに最小値を表示

種別	案件番号	案件名	責任者	金額	受注日	納品期限
スポット	100195	サービスのロゴ作成	桐生 奈美	20000	2021-09-12	2021-09-20
継続	100192	RPAツールの開発業務	一条 梨乃	300000	2021-09-10	2021-12-01

ピボットテーブルを作成する

ピボットテーブルは、2つの観点で表データを集計したものです。例えば売上金額を、商品と年月の2つの軸で集計する際などに使います。Excelで使っている方は多いと思いますが、Pythonでも作れるようになると、ピボットテーブルを作るたびに行や列などを毎回設定する手間が省けるので便利です。

ピボットテーブルは下図のように「行」と「列」と「値」に、表データのいずれかの項目を設定します。pandasでは、行のことを「index（インデックス）」、列のことを「columns（カラムズ）」、集計する値のことを「values（バリューズ）」といいます。

:: ピボットテーブルの構造

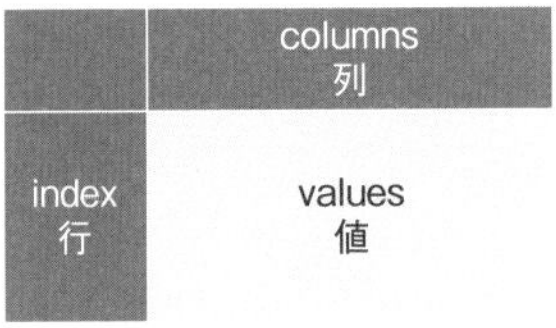

	columns 列
index 行	values 値

ピボットテーブルを作るときは、**pivot_table**（ピボットテーブル）関数を使います。引数は5つあり、最初に集計対象のデータを指定します。「index」、「columns」、「values」にはそれぞれ列名を設定します。「aggfunc」には、集計方法を設定します。集計方法の種類は次表を参照してください。

:: ピボットテーブルを作成する

```
pd.pivot_table( データフレーム , index=' 列名 1',
columns=' 列名 2', values=' 列名 3', aggfunc=' 集計方法 ')
```

:: ピボットテーブルの集計方法

集計方法	書き方
合計	sum
平均	mean
カウント	count
最大	max
最小	min

では実際に使ってみましょう。行に「責任者」、列に「種別」、値に「金額」を設定し、金額の合計値を算出します。なお、変数dataには「data.xlsx」のデータが入っているものとします。

:: 責任者と種別で、金額を集計する

```
pd.pivot_table(data, index='責任者', columns='種別', values='金額',
aggfunc='sum')
```

:: 責任者ごとに「スポット」「継続」それぞれの合計金額を求める

種別	スポット	継続
責任者		
一条 梨乃	NaN	300000.0
佐藤 心音	NaN	450000.0
佐藤 茂	NaN	900000.0
佐藤 菜美	NaN	900000.0
佐藤 衣子	NaN	800000.0
山吹 茂	NaN	300000.0
斎藤 和夫	NaN	600000.0
桐生 奈美	50000.0	NaN
渡辺 里奈	90000.0	500000.0
田中 奈美	NaN	300000.0
田中 希美	50000.0	NaN
田中 彩子	20000.0	NaN
高橋 優子	300000.0	500000.0

次に、責任者の代わりに日付を使って集計してみましょう。ここでは日単位ではなく、年月単位で集計します。日付から年月を取得するには、pardasライブラリに含まれる**dt.year**関数、**dt.month**関数を使います。データフレームの列名からそれぞれ年・月を抽出します。ここでは、日付の情報は「受注日」列に入っているため、「data[' 受注日 '].dt.year」のように指定します。

86

■■ 日付から年を取得する

```
データフレーム [' 列名 '].dt.year
```

■■ 日付から月を取得する

```
データフレーム [' 列名 '].dt.month
```

　リストを使って年と月を [年 , 月] のようにまとめて index(行)に指定すれば年月になります。では、年月と種別で、金額を集計してみましょう。

■■ 年月を軸に、「種別」列の値ごとの金額を集計する

```
pd.pivot_table(
    data,
    index=[data['受注日'].dt.year, data['受注日'].dt.month],
    columns='種別',
    values='金額' ,
    aggfunc='sum'
)
```

> 「受注日」列から年、月を抽出し、ピボットテーブルの行見出しとする

■■ 受注年月ごとに「スポット」「継続」それぞれの合計金額を求める

	種別	スポット	継続
受注日	受注日		
2021	9	510000.0	3900000.0
	10	NaN	1650000.0

注意

CSV ファイルから取り込んだデータを集計しようとすると、エラーメッセージ「AttributeError: Can only use .dt accessor with datetimelike values」が表示されます。これは、受注日が日付ではなく文字列として認識されたために発生しています。ピボットテーブルを作成するときは、Excel ファイルから取り込んだデータを使うようにしてください。

グラフを作成する

取り込んだデータを見やすく加工する手段の1つがグラフです。Pythonでは、グラフを作成するためのライブラリとして「matplotlib（マットプロットリブ）」がよく知られています。pandasライブラリに備わっているグラフ関連の関数は、matplotlibをベースとして作られています。

matplotlibライブラリを使う準備

matplotlibライブラリをインポートする

matplotlibにはさまざまなモジュール（ライブラリを構成する要素）が含まれています。それらを全部使うことはないので、グラフを作成するための「**pyplot**」（パイプロット）というモジュールに限定してインポートします。「plt」という別名を付けるのが慣例となっています。

▪▪ pandasライブラリとmatplotlibライブラリのインポート

```
import pandas as pd
import matplotlib.pyplot as plt
```

日本語のフォントを設定する

matplotlibライブラリは、そのまま使うとグラフ内の日本語が文字化けしてしまいます。グラフの初期設定を行うための**rcParams**（アールシーパラムズ）関数を使い、あらかじめ日本語のフォントを設定しておきましょう。

▪▪ 日本語のフォントを設定する

```
plt.rcParams['font.family'] = 'Meiryo'
```

---

memo

rcParamsメソッドでは、以下のフォントを指定することもできます。
游ゴシック…'Yu Gothic'
ＭＳゴシック…'MS Gothic'

> **!注意**
>
> 日本語のフォントを設定しないと、グラフを作成するときに「RuntimeWarning:
> Glyph 22235 missing from current font. font.set_text(s, 0.0,
> flags=flags)」というエラーが表示されます。エラーが表示されてもグラフは作
> 成されますが、日本語が文字化けしてしまいます。

グラフを作成する

　それでは、Excel ファイルを取り込んでグラフを作成してみましょう。今回
の題材は、下図のような年度・四半期ごとの事業別売上高のデータです。ゲー
ム、音楽、映画、電子機器の4つの事業について年度、四半期ごとの売上高
をまとめています。ファイル名は「sales2020.xlsx」とし、C:¥Users¥suzuki
¥chapter2 にあるものとします。

:: sales2020.xlsx

	A	B	C	D
1	年度	四半期	事業	売上高
2	2020	1Q	ゲーム	59,900
3	2020	1Q	音楽	17,400
4	2020	1Q	映画	17,400
5	2020	1Q	電子機器	32,700
6	2020	2Q	ゲーム	49,500
7	2020	2Q	音楽	22,800
8	2020	2Q	映画	19,200
9	2020	2Q	電子機器	50,100
10	2020	3Q	ゲーム	88,300
11	2020	3Q	音楽	26,400
12	2020	3Q	映画	19,100
13	2020	3Q	電子機器	64,900

　はじめに、read_excel 関数を使ってデータを取り込みます。

:: 変数 data に sales2020.xlsx を格納する

```
data = pd.read_excel('C:/Users/suzuki/chapter2/sales2020.xlsx')
```

　グラフを作成するには、**plot**(プロット)関数を使います。引数には、グラフ
の種類、X 軸(横軸)にする列名、Y 軸(縦軸)にする列名を指定します。

> **データフレーム .plot(kind = ' グラフの種類 ', x = ' 列名 1',**
> **y = ' 列名 2')**

グラフの種類として指定できるのは次表のとおりです。

■■ グラフの種類

グラフの種類	グラフ
line	折れ線グラフ
bar	縦棒グラフ
barh	横棒グラフ（※棒を表す「bar」に、水平を表す「horizontal」の頭文字が付いている）
hist	ヒストグラム
box	箱ひげ図
area	面グラフ
pie	円グラフ
scatter	散布図

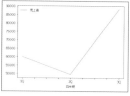

折れ線グラフ

縦棒グラフ

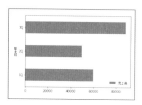

横棒グラフ

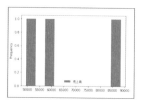

ヒストグラム

箱ひげ図

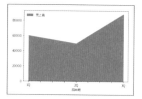

面グラフ

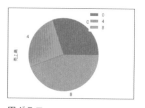

円グラフ

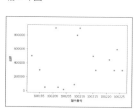

散布図

縦棒グラフを作成する

　では、「sales.xlsx」のデータから、事業を「ゲーム」に絞り込んで、四半期別売上高の棒グラフを作成してみましょう。絞り込んだデータは「data2」という変数に入れて、data2 を使ってグラフを作成します。X 軸には「四半期」列、Y 軸には「売上高」列を指定します。

Python × Excel の自動化

ゲーム事業の四半期別売上高のグラフを作成する

```
data2 = data.query('事業 == "ゲーム"')
data2.plot(kind='bar', x='四半期', y='売上高')
```

> **memo**
>
> データの絞り込みには query 関数を使います（p.78）。引数を指定する際、「ゲーム」はダブルクォーテーション「"」で囲み、さらに「事業 == "ゲーム"」をシングルクォーテーション「'」で囲みます。

ゲーム事業の四半期別売上高

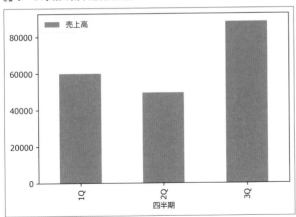

積み上げ縦棒グラフを作成する

　続いて、積み上げ縦棒グラフを作成してみましょう。事前にピボットテーブル（p.85）を作成してからグラフを作成します。

①ピボットテーブルを作成する

行(index)に「年度」と「四半期」、列(columns)に「事業」、値(values)に「売上高」を設定します。集計方法は合計を表す「sum」を指定します。作成したピボットテーブルは「data3」という変数に入れて、data3 を使ってグラフを作成します。

▪▪ 年度・四半期を行見出し、各事業を列見出しとしたピボットテーブルを作成する

```
data3 = pd.pivot_table(data, index=['年度', '四半期'], columns='事業',
values='売上高', aggfunc='sum')
data3
```

> **memo**
>
> 行(index)に「年度」と「四半期」の 2 つの列を指定するためには、リスト形式の [ ] に入れなければいけません。

▪▪ 四半期別・事業ごとの売上を合計

年度	四半期	事業 ゲーム	映画	電子機器	音楽
2020	**1Q**	59900	17400	32700	17400
	2Q	49500	19200	50100	22800
	3Q	88300	19100	64900	26400

②積み上げ縦棒グラフを作成する

積み上げ棒グラフを作成するときは、plot 関数の引数に「stacked=True」を指定します。元のデータがピボットテーブルの場合は、X 軸と Y 軸を指定する必要はありません。

▪▪ 積み上げ縦棒グラフを作成する

データフレーム .plot(kind='bar', stacked=True)

▪▪ ピボットテーブルから積み上げ縦棒グラフを作成する

```
data3.plot(kind='bar', stacked=True)
```

■ 四半期別・事業ごとの売上グラフ

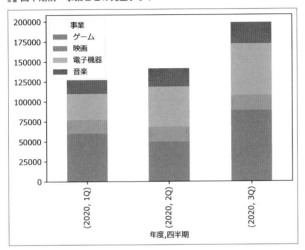

2

Python × Excel の自動化

グラフを画像として保存する

グラフを画像で保存するには、**savefig**(セーブフィギュア)関数を使います。JupyterLab のノートブックでは、このコードは、グラフを作成するコードと同じセルの中に書く必要があります。すなわち、グラフを作成するのと同時にグラフを保存します。引数の1つ目に、画像ファイル名を指定します。引数の2つ目には、画像の解像度「dpi」を数値で設定します。数値を大きくすれば、解像度は高くなります。引数の3つ目にある「bbox_inches」は、グラフの大きさに合わせて画像の大きさを自動調整するために指定します。

■ グラフを画像として保存する

```
plt.savefig(' 画像ファイル名 ', dpi=300, bbox_inches='tight')
```

注意

「bbox_inches='tight'」を指定しないと、作成した画像が見切れてしまうことがあります。

ここでは、p.92 で作成した積み上げ縦棒グラフを「sales.png」という名前で保存します。同じセルの中に、次のように書いて実行します。

■■ グラフを画像として保存する

```
data3.plot(kind='bar', stacked=True)
plt.savefig('sales.png', dpi=300, bbox_inches='tight')
```

memo

画像が出力されるまでに、多少時間がかかることがあります。

　実行後、ファイルブラウザに保存された画像ファイル名が表示されます。

■■ sales.png

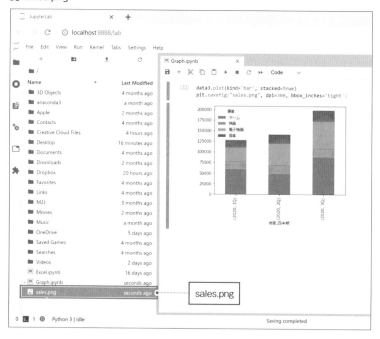

　画像ファイルは、ユーザーフォルダ(C:¥Users¥suzuki)の直下に保存されています。なお、ファイル名を右クリックして「Download」をクリックすると、ブラウザに設定されている保存先にファイルを保存することができます。

データを出力する

本節では、Python からデータを Excel などに出力する方法を紹介します。
Python でデータを集計・加工して Excel や CSV に出力するという作業の流
れが定着すると、業務効率化に大きく役立ちます。

　pandas ライブラリの **to_excel**(トゥーエクセル)関数や **to_csv**(トゥーシー
エスブイ)関数を使うと、Python で集計・加工したデータを Excel や CSV に
簡単に出力できます。これらのメソッドはシンプルで、直感的に扱うことがで
きます。
　ここでは、前節で作成したピボットテーブル(p.92)をデータフレーム型の
変数「data3」に格納し、Excel ファイルや CSV ファイルとして出力します。
次のコードが実行されているものとします。

▪▪ ピボットテーブルを変数に格納

```
import pandas as pd
data = pd.read_excel('C:/Users/suzuki/chapter2/sales2020.xlsx')
data3 = pd.pivot_table(data, index=['年度', '四半期'],
columns='事業', values='売上高', aggfunc='sum')
```

Excel にデータを出力する

　Excel にデータを出力するときは、to_excel(トゥーエクセル)関数を使い
ます。引数の1つ目には、ファイルパスを指定します。ファイルパスのとこ
ろにファイル名だけ指定すると、ユーザーフォルダ(C:\Users\ ユーザー名)の
直下に保存されます。引数の2つ目に、シート名を指定します。引数の3つ
目にある index は、データの行番号(行見出しがある場合は行見出し)を書き
出すかどうかです。

▪▪ Excel にデータを出力する

**データフレーム .to_excel(' ファイルパス ',
sheet_name=' シート名 ', index=True)**

では、前節で積み上げ棒グラフの作成のために用意したデータ（data3、p.92）を、Excelファイルに出力してみましょう。ここでは行見出しを書き出したいので、引数の index には「True」を指定します。

（data3、p.92）

■ ピボットテーブルを Excel に書き出す

```
data3.to_excel('output.xlsx', sheet_name='sales', index=True)
```

出力した Excel ファイル（output.xlsx）を開くと、次のようにデータが表示されます。

■ output.xlsx

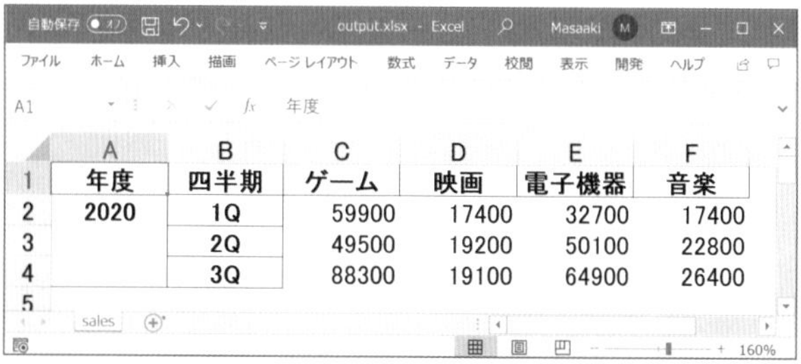

---

memo

ピボットテーブルではなく通常の表を書き出す場合、引数 index を True にすると下図のように行番号が追加されてしまうため「False」を指定することが多いです。

■ Excel の表データを index=True で出力

一方、ピボットテーブルを出力する際に index=False とすると行見出しが消えてしまうため、今回は「True」を指定しています。

■ ピボットテーブルを index=False で出力

> **memo**
>
> 出力先に同じ名前のファイルが存在していてそのファイルを開いている場合や、出力先のフォルダに管理者権限が必要な場合は、「FileCreateError: [Errno 13] Permission denied: ファイル名」というエラーが表示されます。

CSV にデータを出力する

CSV ファイルにデータを出力するには、`to_csv`(トゥーシーエスブイ)関数を使います。書き方は `to_excel` 関数と似ていますが、シート名は指定できません。引数の 1 つ目にファイルパス、2 つ目に行番号を書き出すかどうかを指定します。

■ CSV にデータを出力する

データフレーム .to_csv(' ファイルパス ', index=True)

実際のコードは次のようになります。出力するファイルの拡張子は「.csv」と指定します。

■ ピボットテーブルを CSV に書き出す

```
data3.to_csv('output.csv', index=True)
```

出力された CSV ファイルをテキストエディタで開くと、次のようになります。

■ output.csv

```
年度,四半期,ゲーム,映画,電子機器,音楽
2020,1Q,59900,17400,32700,17400
2020,2Q,49500,19200,50100,22800
2020,3Q,88300,19100,64900,26400
```

以下は余談となりますが、出力した CSV ファイルを Excel で開きたい場合は文字コードに注意が必要です。`to_csv` 関数では何も指定しないと、デフォルトで「UTF-8」(ユーティーエフエイト)という文字コードになります。UTF-8 だと、CSV ファイルを Excel で開いたときに文字化けして表示されます。

■■ ヘッダーの日本語部分が文字化けする

	A	B	C	D	E	F	G
1	蟷エ蟀ヲ	蝗帛濠譜・譏・逕ｻ	髪ｻ塾先ｹ湘髫ｳ譖ｻ				
2	2020 1Q		59900	17400	32700	17400	
3	2020 2Q		49500	19200	50100	22800	
4	2020 3Q		88300	19100	64900	26400	
5							
6							

　出力した CSV ファイルを Excel で開いて作業したいときは、文字コードを指定するための引数「encoding」を指定します。

■■ 文字コードを指定して CSV にデータを出力する

> **データフレーム .to_csv ('ファイルパス', index=True, encoding='文字コード')**

　では、実際に出力してみましょう。先のコードに「encoding='ansi'」を追加します。ANSI も UTF-8 と同様、文字コードの一種です。

■■ 文字コードを ANSI と指定して CSV に書き出す

```
data3.to_csv('output.csv', index=True, encoding='ansi')
```

　コードを実行すると文字コードが ANSI の「output.csv」が出力されます。これで Excel で開いても文字化けせず正常に表示されます。

■■ 文字コード「ANSI」の CSV ファイルは Excel でも文字化けしない

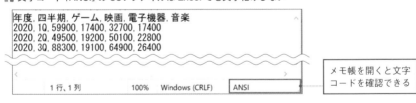

```
年度, 四半期, ゲーム, 映画, 電子機器, 音楽
2020, 1Q, 59900, 17400, 32700, 17400
2020, 2Q, 49500, 19200, 50100, 22800
2020, 3Q, 88300, 19100, 64900, 26400
```

| 1 行、1 列 | | 100% | Windows (CRLF) | ANSI |

メモ帳を開くと文字コードを確認できる

	A	B	C	D	E	F	G
1	年度	四半期	ゲーム	映画	電子機器	音楽	
2	2020 1Q		59900	17400	32700	17400	
3	2020 2Q		49500	19200	50100	22800	
4	2020 3Q		88300	19100	64900	26400	
5							

データを結合する

複数のシートやブックに分かれているデータを集約する作業は、実務の担当者を悩ませている問題の1つです。Excelを使って手作業でデータを集約するとなると、かなり手間がかかって大変なのですが、Pythonを使えばあっという間に作業が終わります。これから紹介するデータ集約のための関数は、理解しておいて損はありません。

縦に結合する

　列の見出しが全く同じデータを結合して、1つのデータにまとめます。下図をご覧ください。左側にある2つの表のデータを縦方向に結合して、右側のように1つの表にまとめるイメージです。

：: 2つの表のデータを縦方向に結合する

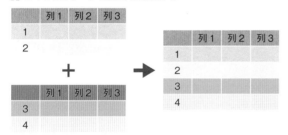

　データを縦に結合するには、**concat**(コンカト)関数を使います。引数には、データフレームをリスト形式で指定します。

：: データを縦に結合する

pd.concat([データフレーム 1, データフレーム 2])

---

memo

Excel VBA や Access VBA でも、SQL の UNION 句を使えば、データを縦に結合することができます。SQL(Structured Query Language)というのは、データを操作するための言語です。

では題材として、支店別の顧客データを結合してみます。以下に、目黒支店の顧客データ（meguro.xlsx）と、目白支店の顧客データ（mejiro.xlsx）を示します。それぞれ別の Excel ファイルに格納されています（いずれのファイルも C:¥Users¥suzuki¥chapter2 にあるものとします）。

■■ 目黒支店の顧客データ（左）と目白支店の顧客データ（右）

	A	B	C	D
1	顧客番号	氏名	電話番号	会員ランク
2	100195	高橋 優子	076-0094-2316	シルバー
3	100197	田中 希美	061-0267-4339	ゴールド
4	100201	佐藤 菜美	054-0385-3696	シルバー
5	100202	桐生 奈美	061-0892-3764	ブロンズ
6	100204	田中 彩子	079-0139-8547	ゴールド
7	100208	渡辺 里奈	060-0072-2564	シルバー

	A	B	C	D
1	顧客番号	氏名	電話番号	会員ランク
2	100209	佐藤 衣子	064-0934-4589	ブロンズ
3	100210	佐藤 茂	068-0571-1807	ゴールド
4	100216	山吹 茂	072-0787-5125	ブロンズ
5	100221	佐藤 心音	065-0315-3942	ブロンズ
6	100223	一条 梨乃	067-0851-0090	ブロンズ
7	100224	斎藤 和夫	088-0812-7976	ゴールド
8	100226	田中 奈美	087-0278-1098	シルバー

① データを取り込む

pandas をインポートして、目黒支店のデータと目白支店のデータを read_excel 関数で取り込みます。データを格納するための変数は、それぞれ「data1」「data2」とします。

■■ 顧客データを取り込む

```
import pandas as pd
data1 = pd.read_excel('C:/Users/suzuki/chapter2/meguro.xlsx')
data2 = pd.read_excel('C:/Users/suzuki/chapter2/mejiro.xlsx')
```

② データを結合する

concat 関数を使って data1 と data2 を結合し、その結果を変数「data」に格納します。結合した結果を確認したいので、「data」と入力して実行します。

■■ 目黒支店、目白視点の顧客データを結合する

```
data = pd.concat([data1, data2])
data
```

■■ 目黒支店・目白支店のデータを縦に結合

目黒支店の顧客データ

目白支店の顧客データ

③データを出力する

結合したデータを Excel に出力します。出力するファイル名は「customer.xlsx」、シート名は「list」とします。また、行番号が追加されないよう、3つ目の引数に「index=False」を設定します(p.96)。

■■ 結合したデータを Excel に出力する

```
data.to_excel('customer.xlsx', sheet_name='list', index=False)
```

■■ customer.xlsx

	A	B	C	D
1	顧客番号	氏名	電話番号	会員ランク
2	100195	高橋 優子	076-0094-2316	シルバー
3	100197	田中 希美	061-0267-4339	ゴールド
4	100201	佐藤 菜美	054-0385-3696	シルバー
5	100202	桐生 奈美	061-0892-3764	ブロンズ
6	100204	田中 彩子	079-0139-8547	ゴールド
7	100208	渡辺 里奈	060-0072-2564	シルバー
8	100209	佐藤 衣子	064-0934-4589	ブロンズ
9	100210	佐藤 茂	068-0571-1807	ゴールド
10	100216	山吹 茂	072-0787-5125	ブロンズ
11	100221	佐藤 心音	065-0315-3942	ブロンズ
12	100223	一条 梨乃	067-0851-0090	ブロンズ
13	100224	斎藤 和夫	088-0812-7976	ゴールド
14	100226	田中 奈美	087-0278-1098	シルバー

横に結合する

　複数の表を、指定した列の値でひもづけて結合します。Excel の VLOOKUP 関数をイメージするとわかりやすいと思います。ひもづけるために使用する列のことを、キー列といいます。次の図をご覧ください。左上と右上の 2 つの表のキー列の値が一致する行をつなげて、1 つの表にまとめるイメージです。

■■ キー列の値で 2 つの表をひもづける

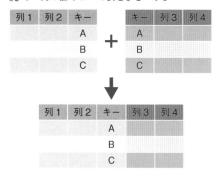

　データを横に結合するには、**merge**(マージ)関数を使います。引数には、結合するデータフレームとキー列を指定します。

■■ データを横に結合する

> **データフレーム 1.**merge(データフレーム 2, on = ' 列名 ')

　では題材として、案件一覧(project.xlsx)と社員マスタ(staff.xlsx)を結合してみましょう。以下に、案件一覧と社員マスタのデータを示します。それぞれ別の Excel ファイルに格納されています。いずれのファイルも C:¥Users ¥suzuki¥chapter2 にあるものとします。

■■ 案件一覧(左)と社員マスタ(右)

	A	B	C
1	案件番号	案件名	社員番号
2	100192	RPAツールの開発業務	3101
3	100195	デザインの相談	3101
4	100197	パッケージデザイン	3102
5	100201	アプリの新規開発・改修業務	3103
6	100202	サービスのロゴ作成	3108
7	100204	バナーのデザイン	3109
8	100208	サービス紹介のチラシ作成	3114
9	100209	iOS開発業務	3115
10	100210	プロダクト開発業務	3117
11	100215	UI・UX改善	3114
12	100216	データ分析業務	3119
13	100221	WEBサイトデザイン	3122
14	100223	バックエンド開発	3127
15	100224	WEBアプリケーション開発業務	3131
16	100226	自社サービスの開発	3135

	A	B	C
1	社員番号	氏名	役割
2	3101	高橋 優子	マネージャ
3	3102	田中 希美	アシスタント
4	3103	佐藤 菜美	シニアアシスタント
5	3108	桐生 奈美	アシスタント
6	3109	田中 彩子	マネージャ
7	3114	渡辺 里奈	アシスタント
8	3115	佐藤 衣子	アシスタント
9	3117	佐藤 茂	マネージャ
10	3119	山吹 茂	アシスタント
11	3122	佐藤 心音	シニアアシスタント
12	3127	一条 梨乃	シニアマネージャ
13	3131	斎藤 和夫	アシスタント
14	3135	田中 奈美	アシスタント

①データを取り込む

pandasをインポートして、案件一覧と社員マスタをread_excel関数で取り込みます。データを格納するための変数は、それぞれ「project」「staff」とします。

■■ 案件一覧と社員マスタを取り込む

```
import pandas as pd
project = pd.read_excel('C:/Users/suzuki/chapter2/project.xlsx')
staff = pd.read_excel('C:/Users/suzuki/chapter2/staff.xlsx')
```

②データを結合する

merge関数を使ってprojectとstaffを結合し、その結果を変数「data」に格納します。さらに、結合できたかを確認するため「data」と書いて実行します。

■■ 案件一覧と社員マスタを社員番号でひもづける

```
data = project.merge(staff, on='社員番号')
data
```

■■ 案件一覧と社員マスタのデータを社員番号が一致する行で結合する

	案件番号	案件名	社員番号	氏名	役割
0	100192	RPAツールの開発業務	3101	高橋 優子	マネージャ
1	100195	デザインの相談	3101	高橋 優子	マネージャ
2	100197	パッケージデザイン	3102	田中 希美	アシスタント
3	100201	アプリの新規開発・改修業務	3103	佐藤 菜美	シニアアシスタント
4	100202	サービスのロゴ作成	3108	桐生 奈美	アシスタント
5	100204	バナーのデザイン	3109	田中 彩子	マネージャ
6	100208	サービス紹介のチラシ作成	3114	渡辺 里奈	アシスタント
7	100215	UI・UX改善	3114	渡辺 里奈	アシスタント
8	100209	iOS開発業務	3115	佐藤 衣子	アシスタント
9	100210	プロダクト開発業務	3117	佐藤 茂	マネージャ
10	100216	データ分析業務	3119	山吹 茂	アシスタント
11	100221	WEBサイトデザイン	3122	佐藤 心音	シニアアシスタント
12	100223	バックエンド開発	3127	一条 梨乃	シニアマネージャ
13	100224	WEBアプリケーション開発業務	3131	斎藤 和夫	アシスタント
14	100226	自社サービスの開発	3135	田中 奈美	アシスタント

案件一覧　　　　社員マスタ

さまざまな結合

　実はひとくちに結合といっても、横の結合のやり方にはいくつかバリエーションがあります。少しややこしいので、難しいと感じる方は読み飛ばしても構いませんが、ここを理解しておくと、欲しいデータを自在に取得できるようになります。

　次の図をご覧ください。左側の表と右側の表で、キーの値が一致しないデータを含む場合にどう結合するかについて考えてみましょう。

■■ キー列の値が一致しない場合

列1	列2	キー		キー	列3	列4
		A	+	A		
		A		C		
		B		D		

　結合の仕方は3種類あります。順番に見ていきましょう。

①内部結合

キーが一致する行だけを結合する方法です。p.103 にて、案件一覧と社員マスタを社員番号で紐づけて結合したのは内部結合に該当します。

■ キーが一致する行のみ結合する

列1	列2	キー	列3	列4
		A		
		A		

②左外部結合

2つ目は、左側の表をすべて残して、右側の表に該当するキーがない場合はその部分を空白にして結合する方法です。これを、左外部結合といいます。

■ 左側の表に右側の表の該当する列のみ結合する

列1	列2	キー	列3	列4
		A		
		A		
		B		

左外部結合にするときは、merge 関数を使うときに、「how='left'」と指定します。

■ 左外部結合する

> **データフレーム 1.merge(データフレーム 2, how='left',
> on=' 列名 ')**

③右外部結合

3つ目は、右側の表をすべて残して、左側の表に該当するキーがない場合はその部分を空白にして結合する方法です。これを、右外部結合といいます。

■ 右側の表に左側の表の該当する列のみ結合する

列1	列2	キー	列3	列4
		A		
		C		
		D		

右外部結合にする場合は、merge 関数を使うときに、「how='right'」と指定します。

> # データフレーム 1.merge(データフレーム 2, how='right', on=' 列名 ')

　実際に 3 つの結合方法を試してみましょう。題材として、下記の発注リスト (order.xlsx) と商品マスタ(item.xlsx) を使います(それぞれ、C:¥Users ¥suzuki¥chapter2 にあるものとします)。

■■ 発注リスト(左)と商品マスタ(右)

	A	B	C
1	日付	商品ID	数量
2	2021/9/11	DC-02	8
3	2021/9/14	DC-01	5
4	2021/9/22	LL-55	3

	A	B	C
1	商品ID	商品名	単価
2	DC-01	デジタル一眼レフカメラ	350,000
3	LL-55	Lマウントレンズ	150,000
4	MC-48	ミラーレスカメラ	250,000

発注リストにしかない商品 ID

商品マスタにしかない商品 ID

　pandas をインポートして、2 つの Excel ファイルを取り込みます。発注リストは「order」、商品マスタは「item」という変数にそれぞれ格納します。

■■ 発注リストと商品マスタを取り込む

```
import pandas as pd
order = pd.read_excel('C:/Users/suzuki/chapter2/order.xlsx')
item = pd.read_excel('C:/Users/suzuki/chapter2/item.xlsx')
```

　merge 関数を使って 2 つのシートを商品 ID で紐づけます。まずは内部結合のコードと実行結果を見てみましょう。

■■ データを内部結合する

```
data = order.merge(item, on='商品ID')
data
```

■■ 発注リストと商品マスタのデータを商品 ID が一致する行のみ結合する

	日付	商品ID	数量	商品名	単価
0	44453	DC-01	5	デジタル一眼レフカメラ	350000
1	44461	LL-55	3	Lマウントレンズ	150000

続いて左外部結合です。左(発注リスト)にある商品 ID がすべて残っており、右(商品マスタ)のデータのうち、該当する商品 ID がない行は「NaN」と表示されていることがわかります。

■■ データを左外部結合する

```
data = order.merge(item, how='left', on='商品ID')
data
```

■■ 発注リストに商品マスタを結合する

	日付	商品ID	数量	商品名	単価
0	44450	DC-02	8	NaN	NaN
1	44453	DC-01	5	デジタル一眼レフカメラ	350000.0
2	44461	LL-55	3	Lマウントレンズ	150000.0

> **memo**
>
> 「NaN(Not a Number)」はデータがないことを表します。

最後に右外部結合です。左外部結合とは逆に、右(商品マスタ)のデータにある商品 ID はすべて残っていますが、左(発注リスト)のデータのうち、該当する商品 ID がない行は「NaN」と表示されます。

■■ データを右外部結合する

```
data = order.merge(item, how='right', on='商品ID')
data
```

■■ 商品マスタに発注リストを結合する

	日付	商品ID	数量	商品名	単価
0	44453.0	DC-01	5.0	デジタル一眼レフカメラ	350000
1	44461.0	LL-55	3.0	Lマウントレンズ	150000
2	NaN	MC-48	NaN	ミラーレスカメラ	250000

Python ×デスクトップ（Windows）の自動化

デスクトップ上での操作を簡単に自動化できるのは、Python の大きな魅力の1つです。ファイルを移動したり ZIP 形式で圧縮したりする操作に加えて、画面上のテキストフォームに自動で文字を入力したり、ボタンを自動的に押すこともできます。手作業で行っている業務を一気通貫で自動化する上で、本章の内容は必ず役立ちます。

ファイルを操作する

> Pythonを使うと、ファイルやフォルダの操作を自動化できます。ファイル名の変更、フォルダの新規作成などの作業は手動でも簡単にできますが、数が多かったり、頻繁に同じ作業をする必要がある場合はPythonに任せてしまいましょう。

ファイルを操作するためには、コンピュータのOSに関連する機能を扱う「**os**(オーエス)」と、ファイルの移動などを扱う「**shutil**(エスエイチユーティル)」の2つのライブラリを中心に使います。

■ ファイル名を変更する

ファイル名を変更するときは、osライブラリの**rename**(リネーム)関数を使います。今回は「C:¥Users¥suzuki¥chapter3」にある「download.csv」というCSVファイルを、「rename.csv」という名前に変えます。

▓▓ ファイル名を変更する

rename関数の使い方は次のとおりです。カッコ内には、変更前のファイルパス(ファイルがある場所のこと)と、変更後のファイルパスを入力します。

▓▓ ファイル名を変更する

os.rename(変更前のファイルパス **,** 変更後のファイルパス **)**

では実際にファイル名を変更してみましょう。上の書式にそのまま当てはめれば「os.rename('C:/Users/suzuki/chapter3/download.csv', 'C:/Users/suzuki/chapter3/rename.csv')」となりますが、ファイルパスを毎回書くのは大変なので変数を使うのがおすすめです。

ここではフォルダパス(ファイルが置かれているフォルダの場所)を「folder」、変更前と変更後のファイル名をそれぞれ「file1」「file2」という変数に入れ

ます。

> **memo**
>
> フォルダパスとファイルパスを別の変数に分けておくと、後でフォルダ名が変
> わったときなどに変更作業の手間が減ります。

▎ ファイル名を変更する

```
import os ●──── osライブラリをインポートする

folder = 'C:/Users/suszuki/chapter3/'
file1 = folder + 'download.csv'          フォルダパスとファイルパス
file2 = folder + 'rename.csv'            を変数に格納する

os.rename(file1,file2) ●──── ファイル名を変更する
```

「file1」「file2」はそれぞれ、フォルダパスの入った変数「folder」に
ファイル名をくっつけます。最後に os ライブラリの rename 関数で引数に
「file1」「file2」を指定して実行すると、ファイル名が変更されます。コー
ドを実行したら、「download.csv」が「rename.csv」に代わっていることを確
認しましょう。

> **注意**
>
> ファイルパスに誤りがあると、「FileNotFoundError: [WinError 2] 指定された
> ファイルが見つかりません。」というエラーが表示されます。このようなエラー
> が表示された場合は、フォルダ名やファイル名のスペルミスがないか、スラッ
> シュ「/」やピリオド「.」を付け忘れていないかなどをチェックしてください。

フォルダを作成する

フォルダを作成するには、os ライブラリの **mkdir**(メイクディレクトリ)関
数を使います。カッコ内には、フォルダパスを指定します。

▎ フォルダを新規作成する

```
os.mkdir( フォルダパス )
```

さっそくフォルダを作成してみましょう。フォルダ名は本日日付を
YYYYMMDD 形式に変換したもの（例：20210822）とします。本日日付は第 1
章で登場した datetime ライブラリ（p.40）を使って取得します。

　本日日付は「now」、新規作成するフォルダパスは「subfolder」という変数
にそれぞれ格納します。

▪️ 本日日付でフォルダを新規作成する

```
import os
import datetime

now = datetime.datetime.now()  ●──── 本日日付を取得
folder = 'C:/Users/suzuki/cahpter3/'
subfolder = folder + now.strftime('%Y%m%d')  ──── 本日日付を YYYYMMDD
                                                  形式に変える
os.mkdir(subfolder)  ●──── フォルダを新規作成
```

　実行後、新しくフォルダができていることを確認しましょう。

　本日日付「now」の表示形式を YYYYMMDD 形式にするために、strftime
関数の引数に「%Y%m%d」という文字列を指定します。すると変数
subfolder は「C:/Users/suzuki/chapter3/YYYYMMDD（本日日付）」となり
ます。

▪️ 同名のフォルダが既に存在するかどうかを確認

　同じ名前のフォルダがすでに存在している状態で先程のコードを実行する
と、「FileExistsError: [WinError 183] 既に存在するファイルを作成
することはできません。」というエラーが表示されます。そこで、フォルダを
作成する前に、同名のフォルダが存在しているかどうかを確認して、存在しな
い場合だけフォルダを作成する、という処理に変えてみましょう。

　パス（フォルダパスまたはファイルパス）が存在するかどうかを確認するに
は、os ライブラリの **path.exists**（エグジスツ）関数を使います。

▪️ 同じ名前のフォルダが存在するかどうかを確認

os.path.exists(パス)

存在する場合は「True」、存在しない場合は「False」という値が返ってきます。

> **memo**
>
> 「True」「False」という値は、第1章で紹介した bool 型というデータ型の値で、真偽を表します。「True」は真、「False」は偽という意味です。

同名のフォルダが存在しない場合のみフォルダを新規作成するよう、先程のコードの「os.mkdir(subfolder)」の前に分岐処理(p.44)を追加してみましょう。

▪▪▪ 分岐処理

```
if 条件 :
    処理
```

▪▪▪ 同名のフォルダが存在しない場合に、フォルダを作成する

```
import os
import datetime

now = datetime.datetime.now()
folder = 'C:/Users/suzuki/chapter3/'
subfolder = folder + now.strftime('%Y%m%d')

if os.path.exists(subfolder) == False:      ← 同名のフォルダが存在し
    os.mkdir(subfolder)                        ない場合のみ
```

このように書いておけば、コードを何度実行してもエラーが出ることはありません。ファイルやフォルダを作成するときは、同名のファイルやフォルダが存在しないかをチェックしてから作成することおすすめします。

相対パスを使う

ファイルパスやフォルダパスを指定するとき、最上位の階層から指定する方法(これを「絶対パス」といいます)と、今いる場所から見た位置を指定する方法(これを「相対パス」といいます)があります。これまで紹介してきたパスは、すべて絶対パスで書いています。

今いる場所を取得する

今いる場所はどうすればわかるかというと、os ライブラリの **getcwd**(ゲットシーダブリューディー)関数で取得できます。

os.getcwd()

> **memo**
>
> cwd は、current working directory(現在作業中のディレクトリ)の略です。

上記をそのまま実行すると「'C:\\Users\\suzuki'」のようなパスが表示されるはずです。これが、今いる場所です。

> **memo**
>
> 実行結果には、円マーク「¥」の代わりにバックスラッシュ「\」が表示されます。

今いる場所は、わざわざ「'C:/Users/suzuki/'」のように書かなくても、ピリオド「.」だけで表すことができます。

また、今いる場所の1つ上の階層にあるフォルダは、ピリオドを2つ連ねた「..」、1つ下の階層にある「chapter3」フォルダは、「./chapter3」と書きます。このように省略できるのが相対パスを使うメリットです。

■■ 相対パス

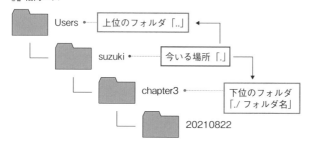

今いる場所を移動する

今いるパスを移動するときは、os ライブラリの **chdir**(チェンジディレクト

リ)関数を使います。

> **os.chdir(** フォルダパス **)**

ここでは、今いる場所「'C:\\Users\\suzuki'」の下位にある「chapter3」フォルダに移動します。フォルダパスに「./chapter3」と指定します。

chapter3 フォルダに移動する

```
os.chdir('./chapter3')
```

ちゃんと移動できたかどうかを getcwd 関数で確認してみると、「C:\\Users\\suzuki\\chapter3」と表示されます。今いる場所が変わると、上位フォルダや下位フォルダも変わりますので注意してください。先程「suzuki」にいたときは「Users」が上位フォルダでしたが、現在地が「chapter3」になると「suzuki」が上位フォルダになります。

パスの移動にともなって上位、下位フォルダが変わる

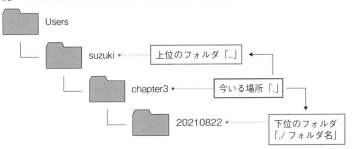

上位の階層に移動するときは、ピリオドを2つ連ねて「**..**」と指定します。

上位フォルダに移動する

```
os.chdir('..')
```

絶対パスを使うと長くて見づらいコードも、相対パスを使うとすっきりします。例えば、p.112のフォルダを作成するコードを相対パスを使って書き換えてみると、次のようになります。

■■ chapter3 フォルダに移動し、本日日付のフォルダを作成する

```
os.chdir('./chapter3')
os.mkdir(now.strftime('%Y%m%d'))
```

ファイルを移動する

ファイルを移動するときは、**shutil**(エスエイチユーティル)というライブラリの **move**(ムーブ)関数を使います。カッコ内には、移動したいファイルのファイルパスと、移動先のフォルダパスを指定します。

■■ ファイルを移動する

shutil.move(ファイルパス , 移動先のフォルダパス)

今いる場所は「chapter3」フォルダ(C:¥Users¥suzuki¥chapter3)であるとします。このフォルダの直下にある「move.csv」を、p.112 で作成した本日日付のフォルダに移動します。

■■ ファイルを移動する

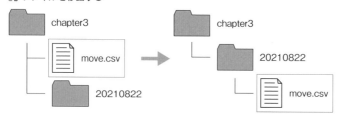

では、move 関数を使ってプログラムを書いていきましょう。今いる場所にファイルがあるので、ファイルパスは「move.csv」とだけ指定すれば OK です。移動先のフォルダパスは、変数「now」に格納した本日日付を YYYYMMDD 形式に変換したものを指定します。

■■ ファイルを移動する

```
import shutil
import datetime

now = datetime.datetime.now()
shutil.move('move.csv', './' + now.strftime('%Y%m%d'))
```

> **!注意**
>
> 移動先のフォルダがない場合は、ファイル名がフォルダ名に置き換わってしまいます。事前にフォルダがあることを確認しておきましょう。

また、ファイルをコピーする場合は **copyfile**(コピーファイル)関数を使います。書き方はファイルを移動する move 関数と全く同じで、引数にはコピーするファイルのファイルパスと、コピー先のフォルダパスを指定します。

ﾌ ファイルをコピーする

```
shutil.copyfile( ファイルパス , コピー先のフォルダパス )
```

ファイルを圧縮・解凍する

ファイルを圧縮する

zipfile(ジップファイル)ライブラリを使うと、ファイルの圧縮や解凍ができます。「**ZipFile**(ジップファイル、z と f は大文字)」「**write**(ライト)」「**close**(クローズ)」の3つの関数を使います。

最初に、ZipFile 関数で空っぽの ZIP ファイルを用意します。箱のようなものを作るとイメージしてください。ここに、write 関数で圧縮したいファイルを入れます。すべてのファイルを入れ終わったら、close 関数で ZIP ファイルを閉じます。

ﾌ ファイル圧縮の流れ

compress.csv

compress.zip

①空の ZIP ファイルを作成　　②圧縮したいファイルを入れる　　③ZIP ファイルを閉じる

ﾌ ファイルを圧縮する

```
①zf = zipfile.ZipFile( 圧縮後のファイルパス , ' モード ',
   compression= 圧縮方法 )
②zf.write( 圧縮前のファイルパス )
③zf.close()
```

　上記の①では、zipfile ライブラリの ZipFile 関数を使って空っぽの ZIP ファイルを作成します(大文字か小文字かの違いは大事なので、ミスがないように注意してください)。引数は３つあります。１つ目に、圧縮後のファイルパスを指定します。２つ目に、モード(次表を参照してください)を指定して処理の内容を決めます。引数の３つ目では圧縮方法を指定します。通常の ZIP 圧縮方法を表す「zipfile.ZIP_DEFLATED」を指定してください。

■: モード

モード	説明
w	新しく ZIP ファイルを作成するときに使う。write の先頭文字が由来。
a	すでにある ZIP ファイルに追加するときに使う。append の先頭文字が由来。
r	ZIP ファイルを解凍するときに使う。read の先頭文字が由来。

　②では、write 関数を使って、圧縮したいファイルを空の ZIP ファイルに入れています。
　③で close 関数を使って、ZIP ファイルを閉じて完了です。

　今回の例では「C:¥Users¥suzuki¥chapter3」フォルダ内にある「compress.csv」を圧縮して「compress.zip」にします。

■: ZIP ファイルを作成する

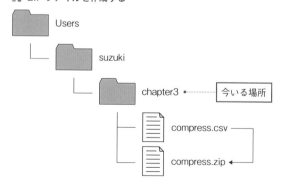

まず、zipfile ライブラリと os ライブラリをインポートします。

▪▪ ライブラリをインポートする

```
import zipfile
import os
```

念のため、今いる場所を確認してください。下記コードの実行結果が「C:/Users/suzuki/chapter3/」であれば、ZIP ファイルの作成に進みましょう。

▪▪ 今いる場所を確認する

```
os.getcwd()
```

もし、今いる場所が「C:/Users/suzuki/chapter3/」ではない場合は、場所を移動してください。

▪▪ 今いる場所を移動する

```
os.chdir('C:/Users/suzuki/chapter3')
```

①ZIP ファイルを作成する

まず変数「zf」を使って、空の ZIP ファイルを作成します。ZipFile 関数の引数には、作成する ZIP ファイルの名前「compress.zip」、モード「w」（新規作成）、圧縮方法「zipfile.ZIP_DEFLATED」（通常の ZIP ファイルを作成）を指定します。

▪▪ 空の ZIP ファイルを作成する

```
zf =zipfile.ZipFile('compress.zip','w',
compression = zipfile.ZIP_DEFLATED)
```

②圧縮するファイルを書き込む

続いて、圧縮したいファイルを write 関数で書き込みます。カッコ内には圧縮したいファイルを指定します。ここでは compress.csv ファイルを指定します。

▪▪ 空の ZIP ファイルに書き込む

```
zf.write('compress.csv')
```

write 関数のファイルパスを「zf.write('C:/Users/suzuki/chapter3/compress.csv')」のように絶対パスで指定すると、圧縮するファイルの上位にあるフォルダ階層まで含まれます。

フォルダ階層を含めずにファイルだけを圧縮したいときは、ファイルがある場所まで移動してから、write 関数の引数にファイル名だけ指定するようにしてください。

③ ZIP ファイルを閉じる

書き込み終わったら、close 関数で ZIP ファイルを閉じます。これで「compress.zip」が作成されます。

ZIP ファイルを書き込んで閉じる

```
zf.close()
```

ZIP ファイルを解凍する

ZIP ファイルを解凍するには、zipfile ライブラリに含まれる **extractall**(エクストラクトオール)関数を使います。解凍し終えたら close 関数で ZIP ファイルを閉じます。

ZIP ファイルを解凍する

```
zf = zipfile.ZipFile('unzip.zip', 'r')  ······ ZIPファイルを開く
zf.extractall()  ····· ファイルを展開する
zf.close()
```

ファイルを削除する

不要なファイルを削除するときは、os ライブラリの **remove**(リムーブ)関数を使います。カッコ内には、削除するファイルやフォルダのパスを指定します。

ファイルまたはフォルダを削除する

```
os.remove( パス )
```

次のコードは chapter3 フォルダの直下にある remove.csv ファイル（C:¥Users
¥suzuki¥chapter3¥remove.csv）を削除する例です。

■■ ファイルを削除する

```
os.remove('C:/Users/suzuki/chapter3/remove.csv')
```

> ❗ 注意
>
> パスの設定を間違えると、意図しないファイルやフォルダを削除してしまう可能
> 性があるので実行前によく確認しましょう。バックアップを作成しておくのもお
> すすめです。

画面を操作する

Pythonではカーソルの移動やクリック、キーボードの操作なども自動化できます。画面上の操作の自動化を上手に使いこなせれば「勤怠アプリを起動して、時刻を自動入力してからボタンを押して登録する」といった処理も、コードを実行するだけで片付けることができます。

Pythonでマウスやキーボードの自動化を行うには、画面を操作するための**pyautogui**(パイオートグイ)ライブラリが必要です。これまでのライブラリと異なりAnacondaにあらかじめ含まれていないため、インポートする前にインストールする必要があります。

∷ pyautogui ライブラリを準備する

```
pip install pyautogui •········ pyautoguiライブラリをインストールする
```

> **❗注意**
>
> セルには、上記コードを1行だけ書いて実行してください。セルの中にその他のコードを含めて実行すると、「SyntaxError: invalid syntax」というエラーが表示されます。

∷ pyautogui ライブラリをインポートする

```
import pyautogui
```

> **memo**
>
> ライブラリは一度インストールしたら、それ以降は再度インストールする必要はありません。

■ マウスカーソルを移動する

私たちがマウスカーソルを動かすとき、パソコンはその位置を画面上の**座標**として認識しています。座標の横方向はx(エックス)、縦方向はy(ワイ)で表記します。

　例えば、画面サイズが幅 3840 ピクセル × 高さ 2160 ピクセルの場合の座標は次図のようになります。

■■ 幅 3840 × 高さ 2160 の画面の座標

X=0，Y=0　　　　　　　　　　　　　　　　　　　　　X=3840，Y=0

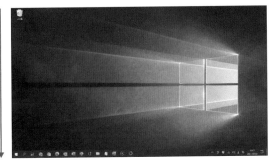

X=0，Y=2160　　　　　　　　　　　　　　X=3840，Y=2160

■ 画面サイズを調べる

　指定できる座標の範囲はパソコンの画面サイズによって異なります。はじめに、あなたが使っているパソコンの画面サイズを **size**（サイズ）関数で調べてみましょう。

■■ 画面サイズを取得する

```
pyautogui.size()
```

　上記コードを実行すると、「Size(width=3840, height=2160)」のように表示されます。width は幅、height は高さを表します。これらの数値から、指定できる座標の上限値を確認できます。

■ カーソルの位置を調べる

　次に、**position**（ポジション）関数を使って現在のカーソルの位置を取得してみましょう。

■■ カーソルの位置を取得する

```
pyautogui.position()
```

上記コードを実行すると、「Point(x=3599, y=357)」といった値が表示されます。

■ カーソルを移動する

カーソルの移動には **moveTo**(ムーブトゥ)関数を使います。移動先の横方向(x)の座標と縦方向(y)の座標を引数で指定します。

▪️ カーソルを移動する

pyautogui.moveTo**(横方向の座標 , 縦方向の座標)**

例えば、横方向(x)の座標 300、縦方向(y)の座標 500 の位置に移動するときは次のように書きます。画面左上あたりにカーソルが移動すれば成功です。

▪️ 座標を指定してカーソルを移動する

```
pyautogui.moveTo(300,500)
```

■ マウスのクリック操作をする

マウスの左ボタンで行う通常のクリック操作を行うには、**click**(クリック)関数を使います。click 関数の使い方がわかると、デスクトップアイコンをクリックして Python からアプリを起動できるようになります。
click 関数は引数で横方向、縦方向それぞれの座標を設定し、クリックする位置を指定します。

▪️ クリック

pyautogui.click**(横方向の座標 , 縦方向の座標)**

例えば、横方向(x)の座標 1000、縦方向(y)の座標 500 の位置をクリックするときは次のように書きます。

■■ クリックする

```
pyautogui.click(1000,500)
```

> **！ 注意**
>
> (0, 0) や (3840, 2160) など、画面の 4 隅の座標に近い位置をクリックしよう
> とすると、エラー「FailSafeException」が表示されます。画面の内側の位置を
> 指定してください。

　クリック以外の操作は次のように書きます。すべて `click` 関数と同じよう
に、横方向の座標と縦方向の座標を引数で指定します。

■■ ダブルクリック

pyautogui.doubleClick(横方向の座標 **,** 縦方向の座標 **)**

■■ 右クリック

pyautogui.rightClick(横方向の座標 **,** 縦方向の座標 **)**

■■ マウスホイールをクリック

pyautogui.middleClick(横方向の座標 **,** 縦方向の座標 **)**

キーを押す

　マウスだけでなく、キーボードの操作も自動化できます。キーを押すには
press(プレス)関数を使って押したいキーや押す回数を指定します。

　これから `press` 関数の使い方を紹介していきますが、その前に注意してほ
しいことがあります。コードを実行するときは ⌈Shift⌋＋⌈Enter⌋ キーではなく、
ノートブックのメニューにある ▶ アイコンをクリックしてください。
⌈Shift⌋＋⌈Enter⌋ キーを使うと、⌈Shift⌋ キーと ⌈Enter⌋ キーを押した状態でキー
を押すことになり、思わぬ誤動作を招く可能性があります。

■ キーを押す

それでは、press 関数を使ってキーを押してみましょう。キーを複数回押す場合は「presses」という引数を追加します。

■ キーを押す（1 回）

pyautogui.press(' キー名 ')

■ キーを押す（複数回）

pyautogui.press(' キー名 ', presses= 回数)

引数で指定できるキーは次のとおりです。

■ press 関数のキーの種類

キーの種類	キー名
アルファベット	a、b、c、……、x、y、z
数字	0、1、2、……、7、8、9
Ctrl キー	ctrl
Shift キー	shift
Alt キー	alt
Tab キー	tab
Esc キー	esc
Enter キー	enter（または return）
Delete キー	delete（または del）
Backspace キー	backspace
Windows キー	win
Command キー	command　※ Mac のみ
Home キー	home
End キー	end
スクロール	pagedown（または pgdn）、pageup（または pgup）
スクリーンショット	printscreen
矢印キー	left、right、up、down
Function キー	f1、f2、f3、f4、f5、f6、f7、f8、f9、f10、f11、f12
音量	volumedown、volumemute、volumeup

　次の例文は Enter キーを 3 回押すものです。実行時は▶アイコンをクリックしてください。次のセルがフォーカスされ、3 回改行されていれば成功です。

■: Enter キーを 3 回押す

```
pyautogui.press('enter', presses=3)
```

■ ショートカットキー

　コピーするための Ctrl + C キー、ペーストするための Ctrl + V キーなど、ショートカットキーにはさまざまな種類があります。Python でショートカットキーを実行するには、**hotkey**（ホットキー）関数を使います。カッコ内には、キー名を指定します。同時に押すキーを、カンマ区切りで並べて書きます。

■: ショートカットキー

pyautogui.hotkey(' キー名 1', ' キー名 2' ・・)

　次の例はデスクトップを表示する ⊞ + D キーです。繰り返しになりますが、実行には▶アイコンをクリックしてください。

■: デスクトップを表示する

```
pyautogui.hotkey('win', 'd')
```

テキストを入力する

　ID やパスワードなど、まとまったテキストを入力するには **typewrite**（タイプライト）関数を使います。カッコ内に入力する文字を指定します。

■: テキストを入力する

pyautogui.typewrite(' 入力する文字 ')

　では、Enter キーを押した後に「password」という文字を入力してみましょう（次のセルに文字を入力するため先に Enter キーを押しています）。

```
pyautogui.press('enter')
pyautogui.typewrite('password')
```

次のように、文字が自動で入力されたら成功です。

```
[5]  pyautogui.press('enter')
     pyautogui.typewrite('password')

     password
```

Column

残念ながら、typewrite 関数では日本語を入力することはできません。日本語を入力したいときは、クリップボードを操作するための pyperclip（パイパークリップ）ライブラリを使って文字列をクリップボードにコピー（copy 関数を使う）してから、先ほど紹介したショートカットキー（hotkey 関数を使う）で貼り付ける方法を取ることで対応できます。参考までに、日本語を入力するコードを掲載します。

日本語を入力する

```
pyautogui.press('enter')

import pyperclip
pyperclip.copy('SBクリエイティブ')
pyautogui.hotkey('ctrl', 'v')
```

実行結果は次のようになります。

```
[11]  pyautogui.press('enter')

      import pyperclip
      pyperclip.copy('SBクリエイティブ')
      pyautogui.hotkey('ctrl', 'v')

[ ]  SBクリエイティブ
```

メッセージを表示する

　利用者に注意を喚起したり、処理を選択させるためにメッセージを使います。pyautogui を使って表示できるメッセージは次の 3 種類です。それぞれ見ていきましょう。

■■ メッセージの種類

種類	説明	例
通常のメッセージ	シンプルに、メッセージを表示するだけです。[OK] ボタンが表示されます。	日付が入力されていません　OK
確認メッセージ	選択肢を与えます。[OK] ボタンと [キャンセル] ボタンが表示されます。	CSVファイルを移動します。よろしいですか?　OK　キャンセル
入力ダイアログ	文字列を入力します。[OK] ボタンと [キャンセル] ボタンが表示されます。	日付を入力してください (YYMMDD形式)　OK　Cancel

■ 通常のメッセージ

　通常のメッセージを表示するときは、**alert**(アラート)関数を使います。カッコ内に、表示するメッセージを入力します。

■■ 通常のメッセージ

pyautogui.alert(' メッセージ **')**

　次のコードを実行すると、「日付が入力されていません」というメッセージが表示されます。

■■ メッセージを表示する

```
pyautogui.alert('日付が入力されていません')
```

■ 確認メッセージ

確認メッセージを表示するときは、**confirm**(コンファーム)関数を使います。カッコ内に、表示するメッセージを入力します。

■■ 確認メッセージ

pyautogui.confirm(' メッセージ ')

次のコードを実行すると、「CSVファイルを移動します。よろしいですか？」というメッセージを表示します。

■■ 確認メッセージを表示する

```
pyautogui.confirm('CSVファイルを移動します。よろしいですか？')
```

■■ 確認メッセージ

[OK]ボタンを押すと、「OK」という文字列を取得できます。また、[キャンセル]ボタンを押すと「Cancel」という文字列を取得できます。

■■ クリックしたボタンを判別する

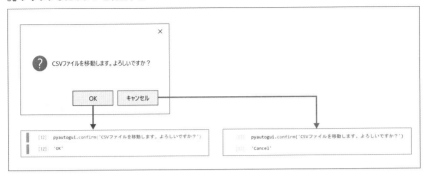

　実行結果の文字列からどちらのボタンが押されたのかを判別することができるので、これを使って処理を分岐させることができます。以下は、ファイルを移動するかどうかを確認して、[OK]ボタンが押された場合にのみ処理を行うコードです。押されたボタンの文字列を「result」という変数に格納しています。

■■ 確認メッセージで処理を分岐する

```
import datetime
result = pyautogui.confirm('CSVファイルを移動します。よろしいですか？')

now=datetime.datetime.now()
if result == 'OK':
    shutil.move('finance.csv', './' + now.strftime('%Y%m%d'))
```

■ 入力ダイアログ

　最後に、文字を入力できるダイアログ形式のメッセージです。入力ダイアログを表示するときは**prompt**（プロンプト）関数を使います。カッコ内に、表示するメッセージを入力します。

■■ 入力ダイアログ

pyautogui.prompt(' メッセージ ')

　次のコードを実行してみましょう。

Python ×デスクトップ (Windows) の自動化

```
pyautogui.prompt('日付を入力してください (YYYYMMDD形式) ')
```

　すると、以下のようなメッセージが表示されます。[OK]ボタンが押されると、入力された文字列を取得できます。[キャンセル]ボタンが押されると、実行結果には表示されず、何も入力されていないことを意味する「None」という特殊な値を取得します。

■■ 入力ダイアログ

　次のコードは、入力ダイアログで入力された文字列を取得して「result」という変数に格納します。result の値が6文字の場合は、入力された文字を出力します。文字数を取得するための len(レン)関数を使います。それ以外の場合は、「日付が入力されていません」というメッセージを表示します。

■■ 入力内容で分岐処理するダイアログ

```
result = pyautogui.prompt('日付を入力してください (YYMMDD形式) ')

if len(result) == 6:
    print(result)
else:
    pyautogui.alert('日付が入力されていません')
```

スクリーンショットを取得する

　資料作成やツールの動作確認などで画面のスクリーンショットを撮るときは、screenshot(スクリーンショット)関数を使います。カッコの中に、画像を保存するファイルパスや撮影する位置を指定します。なお、位置を指定しないと画面全体のスクリーンショットが撮影されます。

■■ 画面全体のスクリーンショットを取得する

```
pyautogui.screenshot(' ファイルパス ')
```

■■ 指定範囲のスクリーンショットを取得する

```
pyautogui.screenshot(' ファイルパス ', region=( 左からの位
置 , 上からの位置 , 幅 , 高さ ))
```

範囲を指定するための引数 region で設定する値は次の 4 つです。

① 左からの位置
② 上からの位置
③ 撮影範囲の幅
④ 撮影範囲の高さ

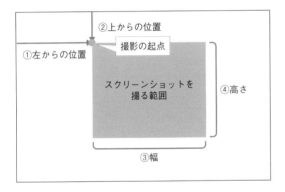

① 左からの位置と ② 上からの位置で、起点となる位置を指定します。起点からの ③ 幅と ④ 高さによって、スクリーンショットを撮る範囲が決まります。では、実際に使ってみましょう。ファイルパスは、適宜変更してください。

■■ 指定範囲のスクリーンショットを取得する

```
pyautogui.screenshot('C:/Users/suzuki/chapter3/screenshot.png',
region=(0,270,1100,90))
```

実行結果はあなたが使っている PC の画面によって変わりますが、例えば下図のように、画面上の一部分をスクリーンショットとして撮ることができます。

スクリーンショットを撮る

ボタンの位置を探す

　ここでは、画面の中から画像と一致するところを探して、ボタンなどの位置を特定できる **locateOnScreen**（ロケートオンスクリーン）関数を紹介します。

　`locateOnScreen`関数は、指定したファイルパスにある画像と同じものを画面上から探し、見つかればその位置を返します。

画像から位置を取得する

---

pyautogui.locateOnScreen(' 画像のファイルパス ')

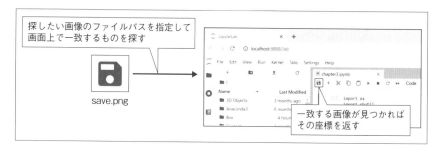

　では実際に探してみましょう。今回は、ノートブックのメニューにある［Save］ボタンの画像を使います（C:¥Users¥suzuki¥chapter3¥save.png）。取得した位置情報は、「`position`」という変数に入れます。

画像から位置を取得する

```
position = pyautogui.locateOnScreen('C:/Users/suzuki/chapter3/
save.png')
```

> **!注意**
> 位置を探すのに数秒から数十秒ほど時間がかかる場合もあります。探している間は、画面を切り替えないようにしてください。

取得した位置を「print(position)」で出力すると、実行結果は次のようになります。左からの位置(left)、上からの位置(top)、幅(width)、高さ(height)の情報を取得できます。なお、位置が取得できない場合は「None」という特別な値になります。

```
[5]: Box(left=967, top=359, width=86, height=73)
```

> **memo**
>
> コードを実行しているウィンドウの前面に別のウィンドウを表示しているとヒットしないことがあります。その他、位置が取得できない理由として、画像が不鮮明(jpeg 形式よりも png 形式のほうが認識されやすい)、画像の周囲に全く余白がないなどの原因が考えられるので、うまくいかない場合は再度画像を作り直してから実行してみてください。
>
> それでも解決しない場合は、後述する「grayscale」や「confidence」の引数を試してみましょう。

[Save]ボタンの位置が取得できたら、p.124 のクリック操作と組み合わせて自動的にボタンを押してみましょう。位置情報が取得できた場合、すなわちposition の値が「None」ではない場合は、クリックする操作を行います。

■■ 画像からボタンの位置を取得して自動的にクリックする

```
position = pyautogui.locateOnScreen('C:/Users/suzuki/chapter3/
save.png')

if position != None:
    pyautogui.click(position)
```

同じボタンが複数個所にある場合

JupyterLab には [Restart] ボタンが 2 つ存在します。このように、同じボタンが複数箇所にある場合は、**locateAllOnScreen**(ロケートオールオンスクリーン)関数を使います。次のコードは、繰り返し処理を使って、ヒットした位置をすべて出力します。

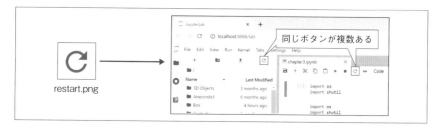

restart.png

同じボタンが複数ある

■■ 全ての位置を取得する

```
for position in pyautogui.locateAllOnScreen('C:/Users/suzuki/
chapter3/restart.png'):
    print(position)
```

実行結果は次のようになります(座標はお使いの PC によって変わります)。

```
Box(left=790, top=279, width=77, height=73)
Box(left=1550, top=358, width=77, height=73)
```

■ 画像がヒットしない場合の対処法①　グレースケールで探す

　画像をフルカラーではなく、グレースケール(画像を白から黒までの色だけ
で表現したもの)で探す方法です。探し出す精度は落ちますが、若干ヒットし
やすくなるとともに、探し出す時間も多少速くなります。「grayscale」(グ
レースケール)という引数を使い、値には True を指定します。

■■ グレースケールで探す

pyautogui.locateOnScreen(' 画像のファイルパス ', grayscale=True)

具体的なコードは次のように書きます。

■■ グレースケールで探す

```
position = pyautogui.locateOnScreen('C:/Users/suzuki/chapter3/
save.png', grayscale=True)
print(position)
```

画像がヒットしない場合の対処法②　画像認識の精度を下げる

　画像認識の精度を調整するためのライブラリ「**OpenCV**」(オープンシーブイ)を使います。OpenCV ライブラリはインストール、インポートする必要があります。インポートする際、ライブラリ名が「cv2」に変わるので注意してください。

■ OpenCV ライブラリを使う準備をする

```
pip install opencv-contrib-python
```

> **!注意**
> セルには、上記コードを 1 行だけ書いて実行してください。

■ OpenCV ライブラリ (cv2) をインポートする

```
import cv2
```

　OpenCV ライブラリをインポートできたら、画像認識の精度を調整するための引数「confidence」を指定します。confidence に設定できる値は 0 から 1 の間の数で、「0.9」から試してみるとよいでしょう。

■ 画像認識の精度を調節する

> **pyautogui.locateOnScreen**(' 画像のファイルパス ',
> confidence= 画像認識の精度)

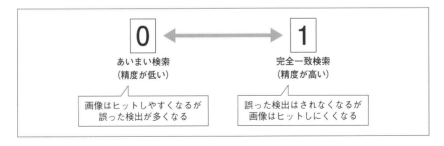

■ 画像認識の精度を下げて探す

```
position = pyautogui.locateOnScreen('C:/Users/suzuki/chapter3/
save.png', confidence=0.9)
print(position)
```

入金データの消込業務を自動化する

本章の総まとめとして、これまでに登場したファイル操作や画面操作を組み合わせた処理を作成します。

「経理システムから入金情報が入った CSV ファイルをダウンロードして、日別フォルダに移動する」という作業を自動化してみましょう。作業の流れは以下のとおりです。

①Web ページを開く
②パスワードを入力する
③CSV ファイルをダウンロードする
④本日日付のフォルダを作成する
⑤ダウンロードした CSV ファイルを本日日付のフォルダに移動する

解説の都合上コードを分割していますが、実際に動かす際は①～③、④～⑤のコードを 1 つのセルにまとめて実行してください。

今回使う Web ページは、次のようなシンプルなものです。テキストを入力するフォームとダウンロードボタンがあります。

URL nihonzuno.co.jp/sample.html

■: 練習用ページ

pyautogui ライブラリの LocateOnScreen 関数を使ってテキストを入力する欄とダウンロードボタンを識別するために、「text.png」と「button.png」の 2 つの画像(C:/Users/suzuki/chapter3)を使用します。

■■ text.png（左）と button.png（右）

download

text.png   button.png

---

memo

使用する画像には、テキスト入力欄やボタンのまわりの余白を多少残しておくとよいでしょう。余白が全くないと、位置を特定できないことがあります。

では、プログラムを書いていきましょう。事前に 3 つのライブラリをインポートします。webbrowser は、ブラウザを操作するためのライブラリです。time は、時刻のデータを操作するためのライブラリです。

■■ 3 つのライブラリをインポートする

```
import webbrowser
import time
import pyautogui
```

①Web ページを開く

Web ページを開くときは、webbrowser ライブラリの **open**（オープン）関数を使います。カッコ内には、URL を指定します。

■■ Web ページを開く

webbrowser.open('URL')

また、ウェブページを開くのに時間がかかることを想定して、何も処理せずに待つ必要があります。time ライブラリの **sleep**（スリープ）関数を使うと、指定した秒数だけ待つことができます。カッコ内には、秒数を指定します。

■■ 指定した秒数だけ待つ

time.sleep(秒数)

では、Web ページを開いて 3 秒待つコードを書いて実行してみましょう。URL には「`https://nihonzuno.co.jp/sample.html`」を指定します。

▪▫ Web ページを開いて 3 秒待つ

```
webbrowser.open('https://nihonzuno.co.jp/sample.html')
time.sleep(3)
```

▪ ②パスワードを入力する

Web ページが表示されたら、画面上のテキスト入力欄にパスワードを入力します。画像「text.png」を使って入力欄の位置を取得し、その位置をクリックで選択してからパスワード「password」の文字を入力します。
入力欄の位置情報は変数「position」に格納し、正常に取得できていればクリックとパスワード入力を行います。

▪▫ テキスト入力欄にパスワードを自動入力する

```
os.chdir('C:/Users/suzuki/chapter3')
position = pyautogui.locateOnScreen('text.png')    テキスト入力欄の位
                                                   置を取得
if position != None:      位置を取得できた場合     テキスト入力欄をクリ
    pyautogui.click(position)                       ックで選択
    pyautogui.typewrite('password')                テキスト入力欄にパス
                                                   ワードを入力
```

> **memo**
>
> 「if position != None:」という条件は、位置情報が None でない場合、すなわち「位置を取得できた場合」という意味です。

▪ ③CSV ファイルをダウンロードする

続いて、ダウンロードボタンをクリックします。テキスト入力欄と同様に、画像「button.png」を使ってダウンロードボタンの位置を特定し、クリックして CSV ファイルをダウンロードします。
入力欄の位置情報は変数「position」に格納します。

■■ ダウンロードボタンをクリックする

```
position = pyautogui.locateOnScreen('button.png')       ダウンロードボタン
                                                         の位置を取得
                          位置を取得できた場合
if position != None:
    pyautogui.click(position)                 ダウンロードボタンをクリック
    time.sleep(3)
                          ダウンロードのために3秒待つ
```

うまくダウンロードボタンをクリックできると、ブラウザ既定のフォルダに、「finance.csv」ファイルがダウンロードされます。ここでは、「C:¥Users¥suzuki¥Downloads」にダウンロードしたものとします。

■ ④本日日付のフォルダを作成する

ダウンロードした CSV ファイルを格納するため、「C:¥Users¥suzuki¥Downloards」の直下に本日日付のフォルダを作成します。datetime ライブラリを使って本日日付を取得します。フォルダを新規作成する前に、既に同名のフォルダがないことを確認してから処理を実行します。
今いる場所を「C:¥Users¥suzuki¥Downloads」に移動してから本日日付のフォルダを作成します。また、本日日付は変数「now」に格納します。

■■ 本日日付のフォルダを作成する

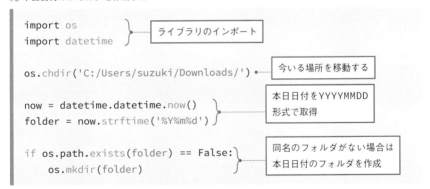

```
import os
import datetime                      ライブラリのインポート

os.chdir('C:/Users/suzuki/Downloads/')       今いる場所を移動する

now = datetime.datetime.now()                本日日付をYYYYMMDD
folder = now.strftime('%Y%m%d')              形式で取得

if os.path.exists(folder) == False:          同名のフォルダがない場合は
    os.mkdir(folder)                          本日日付のフォルダを作成
```

⑤ダウンロードした CSV ファイルを本日日付のフォルダに移動する

　ダウンロードした CSV ファイルを、先ほど作成した本日日付のフォルダ「C:¥Users¥suzuki¥Downloads¥YYYYMMDD」に移動します。shutil ライブラリの move 関数を使って、移動するファイルのファイルパスと移動先を指定します。ファイルパスは変数「file」に格納します。なお、今いる場所は「C:¥Users¥suzuki¥Downloads」であるものとします。

■ ファイルを移動する

```python
import shutil

file = 'finance.csv'

shutil.move(file, folder)
```

　CSV ファイルが本日日付のフォルダに移動できていれば成功です。

Python × Web の自動化

調査・分析の目的で、Web ページを使って
データ収集を行う作業は頻繁に発生します。
類似する Web ページを何度も開いて手作業
でデータ収集するといった作業を自動化でき
ると大きな労力削減につながります。本章で
は、Python を使ってあなたが欲しいデータ
を自動で取得するための方法を徹底解説しま
す。

Web スクレイピングとは

Web スクレイピングとは、Web ページのデータを自動で取得することです。
一覧ページから詳細ページを開いて商品情報を取得するなど、必要なデータを
手に入れるために同じような作業を何度も繰り返しているのであれば、
Python で作業効率を上げることができます。

Web スクレイピング

スクレイピング(Scraping)の語源は、「こする」「削る」「ひっかく」という意
味の英単語です。Web ページ上の情報を収集、抽出することを「Web スクレ
イピング」といいます。

Web スクレイピングでは、データの取得元となる Web ページの構造に応じ
てコードを書く必要があります。Web ページごとに構造が異なるため、はじ
めに取得元の Web ページの構造を調べて、それに応じてどのようにデータを
取得するかを決めます。Web ページごとに構造を調べてコードを考える必要
があるのが Web スクレイピングの厄介なところでもあり、面白いところでも
あります。

Web スクレイピングの注意点

Web スクレイピングは便利ですが、実施にあたっては注意が必要です。次
の3つは必ず確認しておきましょう。

①Web スクレイピングの可否を確認する

Web スクレイピングで情報を取得することを禁止しているサイトも多いた
め(Amazon や Yahoo! ニュースなども NG です)、実行する前にサイトの利用
規約を確認しておきましょう。会員限定のコンテンツは原則 NG と考えてく
ださい。

Column

サイトによっては部分的にスクレイピングを許可しているところもあるので、サイトマップにある robots.txt ファイルを確認すると良いでしょう。robots.txt ファイルとは、Web サイトのどの部分をクローラに対してアクセスを許可するかを指定するためのファイルです。クローラとは Web サイトの情報を取得するプログラムで、検索エンジンによるサイトの順位付けにも使われています。クローラによる情報の取得が許可されている部分に関しては、Web スクレイピングの実施も問題ないと考えられます。

クローラ：https://developers.google.com/search/docs/advanced/robots/robots_txt

②取得元のサーバーに過度な負荷をかけない

スクレイピングは手作業でページを開閉するのとは比べ物にならない速さで Web ページから情報を取得するため、それだけ取得元の Web ページのサーバーに負荷がかかり、ダウンしてしまう場合もあります。スクレイピングが許可されているサイトであっても、サーバーに過度な負荷をかけないよう、Web ページにアクセスする時間の間隔を適度に空けるといった対策を取りましょう。

③取得するデータの用途や著作権を確認する

取得しようとしているデータについて、コピーや保存をして良いものか、どのような目的ならば利用して良いかを確認しましょう。官公庁のデータなど、解析されることを前提に公開しているデータは問題ありませんが、一般のサイトではデータの複製や目的外利用は NG とされる場合も多いため要注意です。

本章では練習用のサンプルページ(https://crawler2.sbcr.jp/pc/) を使って Web スクレイピングのやり方を学習します。繰り返し処理を用いて商品一覧ページから個々の商品情報のページを開き、必要なデータを取得します。

■■ サンプルページ URL

https://crawler2.sbcr.jp/pc/

HTML の基礎知識

　HTML とは、Web ページを作成するために使われるコンピューター言語です。Web スクレイピングを行うためには、Web ページの構造を多少理解しておく必要があるため、本書では必要最低限の知識だけわかりやすく紹介します。

　サンプルページにアクセスして実際に HTML を見てみましょう。Chrome ブラウザを使っている方は、Web ページ上で右クリックして［ページのソースを表示］をクリックすると、そのページを構成する HTML を表示できます。

■■ ページのソースを表示する

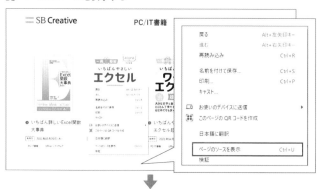

> **memo**
>
> 使用しているブラウザが Internet Explorer の場合は、右クリックして「ソース
> の表示」をクリックしてください。Microsoft Edge の場合は、右クリックして
> 「ページのソース表示」をクリックしてください。Safari の場合は、メニュー
> バーの [Safari] → [環境設定] → [詳細] タブをクリックして、[メニューバー
> に開発メニューを表示] にチェックを入れます。その後、表示中の Web ページ
> に戻って [開発] → [ページのソースを表示] をクリックしてください。

タグと属性

　HTML の中身を見てみると、山カッコ＜＞で囲まれた文字列がたくさんあ
りますよね。これを**タグ**といいます。HTML ではタグを使って、フォントサ
イズや段組みなどのページ構造を表現します。ここでは、サンプルページのタ
イトルを設定している部分を見てみましょう。Chrome の場合、サンプルペー
ジ上で右クリックして [ページのソースを表示] をクリックしてください。表
示される HTML の 23 行目がタイトルの設定部分です。

タイトル要素の例

　タグの名前は「title」なので、<title> タグ (タイトルタグ) と呼びます。先頭
のタグ <title> を「開始タグ」、末尾のタグ </title> を「終了タグ」といいます。
終了タグのほうにはスラッシュ「/」の文字が入りますので、区別できます。タ
グの種類によっては、終了タグがないこともあります。タグで囲まれた文字列
全体を「要素」と呼び、タグで挟まれた中身の文字列をコンテンツと呼びます。

　ではもう 1 つ、画像を表示している部分を見てみましょう。

■■ 画像要素の例

画像を設定するときは、**<img> タグ**(イメージタグ)を使います。タグの中には、そのタグに関するさまざまな情報を指定することができます。これを「**属性**」といいます。例えば、画像の大きさを指定するための高さや幅などです。属性を指定するときは、「属性名 =" 値 "」のように書きます。先の例では、高さは「height="596"」、幅は「width="412"」のように指定されています。

タイトルや画像などのように、タグや属性にもたくさんの種類があります。それらを1つ1つ覚える必要はありません。まずは、タグと属性を見分けられるようになれば十分です。では、先ほどの画像要素の HTML を以下に示しますので、タグの部分に注目してください。タグを1つ1つ読み解く必要はありませんが、タグが階層構造になっていることがなんとなくわかると思います。

■■ タグと属性の例

```
<div class="article-box">
  <div class="book-thumbnail"><a href="../product/4815602840/index.html"><img class="lazyload"
      data-src="https://www.sbcr.jp/wp-content/uploads/product/4815602840-1-412x596.jpg" height="596"
      width="412"></a></div>
  <div class="book-overview">
    <div class="block-title then-red-arrow abbreviation">
      <h3><a href="../product/4815602840/index.html">業務改善コンサルタントの現場経験を一冊に<span
          class="assignment">...</span></a></h3>
    </div>
    <p class="block-day clearfix"><span>発売日</span>2020年04月11日（土）</p>
    <div class="block-tag">
      <ul>
        <li><a href="index.html">PC/IT書籍</a></li>
        <li><a href="index.html">Office/ソフトウェア</a></li>
      </ul>
    </div>
  </div>
</div>
```

<img> タグには終了タグがなく、開始タグのみ記述します。

HTML から必要な情報を抜き出す

　私たちが欲しい情報は、HTML の中に埋もれています。HTML の中から欲しい情報だけを抜き出すには、タグと属性をうまく指定する必要があります。例えば、次の HTML から、書籍名と発売日の情報を抜き出したいときはどのように指定すればよいでしょうか？

　注目してほしいのは、「class」または「id」という属性です。いずれも、タグを識別するための名前を付けるために使われます。

■■ タグと属性から情報を探す

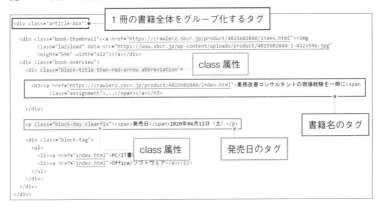

　書籍名の直前にある class 属性を探してみると、**<div> タグ**（ディブタグ）内に「block-title then-red-arrow abbreviation」という class 属性があります。この <div> タグ内の class 属性が、書籍名を取得するための手がかりとなります。また、発売日については **<p> タグ**（ピータグ）内にある「block-day clearfix」という class 属性が手がかりとなります。

　このように、Web スクレイピングをする際にはまず HTML の中身を見て、あなたが欲しい情報がどこに埋もれているのかを探してください。そして、その情報の近くにあるタグや属性を見つけましょう。

 Web スクレイピングの流れ

```
HTML を取得する
      ↓
取得する情報を確認する
      ↓
タグと属性を見つける
```

「検証」で欲しい情報を探す

HTML の書き方は Web ページによって異なるので、Web ページごとに上記のような作業を行う必要があります。タグを見慣れてしまえばそれほど難しい作業ではありませんが、大量の HTML から必要な情報を探すのは面倒なので、便利な機能を紹介します。Chrome ブラウザにある「**検証**」機能を使うと、HTML 上でマウスオーバーした箇所がハイライト表示されるので、情報がある位置を容易に絞り込むことができます。

ここでは、書籍情報の HTML を抜き出してみます。

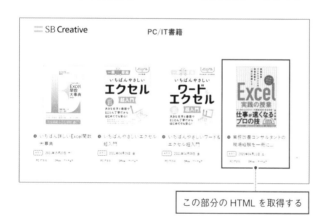

この部分の HTML を取得する

Web ページ上で取得したい部分を右クリックして「検証」を選択すると、画面の右側にクリックした部分の HTML がハイライトされた状態で表示されます。

HTML が表示される

　この HTML 上にマウスカーソルを置くと、Web ページ上の該当する部分が画面上にハイライト表示されます。

　該当する HTML を特定できたら、その HTML を右クリックして、「**Copy**」→「**Copy element**」をクリックします。これで、該当箇所の HTML を取得することができます。

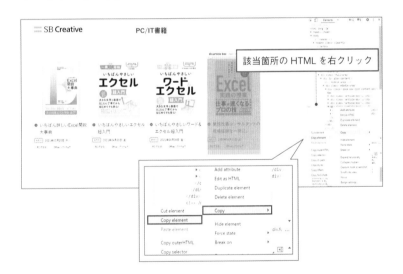

該当箇所の HTML を右クリック

Web スクレイピングをはじめる準備

Web スクレイピングでは Web ページの HTML 情報を取得し、その中に含まれるタグを目印にして必要なデータを抽出します。HTML の取得やデータの抽出に必要なライブラリをインポートして、サンプルページを題材に Web スクレイピングを試してみましょう。

HTML を取得する

Python で HTML を取得するには、「**requests**」(リクエスツ)というライブラリを使います。これは Anaconda にあらかじめインストールされているので、インポートすればすぐに利用できます。

■ requests ライブラリのインポート

```
import requests
```

HTML を取得するには、requests ライブラリの **get**(ゲット)関数を使います。引数に Web ページの URL を指定します。後述する URL のパラメータについては、URL の中に含めて書いてもよいですし、引数の 2 つ目に「params」というキーワードを使って書くこともできます。キー(Web ページを表示するときに指示する項目)が複数ある場合は、カンマ「,」区切りで並べてください。

■ Web ページの HTML を取得する

```
変数 = requests.get('URL')
変数 = requests.get(
    'URL',
    params={' キー 1':' 値 1', ' キー 2':' 値 2'}
)
```

さっそく、get 関数の引数に練習用のサンプルサイト(https://crawler2.sbcr.jp/pc/)の URL を指定し、HTML を取得してみましょう。取得した HTML は「html」という変数に格納します。

■■ サンプルサイト

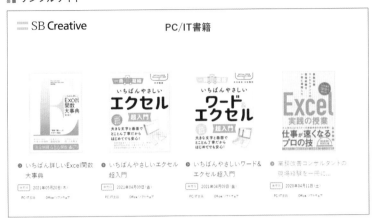

■■ Web ページの HTML を取得する

```
html = requests.get('https://crawler2.sbcr.jp/pc/')
```

変数「html」は、**Response**(レスポンス)というオブジェクト型になります。
HTML だけでなく、取得した Web ページに関するさまざまな情報が格納され
ます。

HTML が正常に取得できたかを確認するには、ok 関数を使います。実行結
果が True なら正常に取得できており、False ならエラーが発生しています。

■■ HTML が正常に取得できたかを確認する

```
print(html.ok)
```

取得した HTML を表示するときは、text 関数を使います。

■■ 取得した HTML を表示する

```
print(html.text)
```

実行結果は次のようになります。Web ページから取得した HTML がすべて
出力されます。

```
print(html.text)
<!DOCTYPE html>
<html lang="ja">
  <head>
    <meta charset="UTF-8">

    <meta name="viewport" content="width=device-width,initial-scale=1.0,maximum-scale=1.0,user-scalable=0">
    <meta name="format-detection" content="telephone=no">
    <meta http-equiv="X-UA-Compatible" content="ie=edge">
    <meta name="keywords" content="SBクリエイティブ,ソフトバンク クリエイティブ,ソフトバンク,SBcr,雑誌,書籍,ムック,IT書籍,コンピューター書籍,文庫,新書,ゲーム,コミック,マンガ,iPhone,iPad,スマートフォン,携帯">
    <link rel="shortcut icon" type="image/vnd.microsoft.icon" href="../wp-content/themes/sbcr2019/favicon.ico">
    <link rel="apple-touch-icon-precomposed" href="../wp-content/themes/sbcr2019/apple-touch-icon.png">
    <meta property="og:title" content="PC/IT書籍 | SBクリエイティブ">
    <meta property="og:type" content="article">
    <meta property="og:url" content="">
    <meta property="og:image" content="https://www.sbcr.jp/wp-content/themes/sbcr2019/resources/images/noimage/ogp.jpg" />
    <meta property="og:site_name" content="SBクリエイティブ">
    <meta name="twitter:card" content="summary_large_image">
    <meta name="twitter:title" content="PC/IT書籍 | SBクリエイティブ">
    <meta name="twitter:image" content="https://www.sbcr.jp/wp-content/themes/sbcr2019/resources/images/noimage/ogp.jpg" />
    <title>PC/IT書籍 | SBクリエイティブ</title>

<script>var ajaxurl ="https://www.sbcr.jp/wp-admin/admin-ajax.php"</script><script>const letter=1;const time=300;</script><link rel="dns-prefetch" href="https://fonts.googleapis.com."/>
<link rel="dns-prefetch" href="https://s.sbcr.jp."/>
<link rel="alternate" type="application/rss+xml" title="SBクリエイティブ &raquo; PC/IT書籍 書籍カテゴリのフィード" href="https://www.sbcr.jp.pc.feed."/>
        <script type="text/javascript">
                    window._wpemojiSettings = {"baseUrl":"https:\/\/s.w.org\/images\/core\/emoji\/13.0.1\/72x72\/","ext":".png","svgUrl":"https:\/\/s.w.org\/images\/core\/emoji\/13.0.1\/
svg\/","svgExt":".svg","source":{"concatemoji":"https:\/\/www.sbcr.jp\/wp-includes\/js\/wp-emoji-release.min.js?ver=5.2.2"}};
                    !function(e,a,t){var n,r,o,i=a:=createElement("canvas"),p=i.getContext&&i.getContext("2d");function s(e,t){var a=String.fromCharCode,e,p.clearRect(0,0,i.width,i.height),
p.fillText(a.apply(this,e),0,0),e=i.toDataURL();return p.clearRect(0,0,i.width,i.height),p.fillText(a.apply(this,t),0,0),e===i.toDataURL()}function c(e){var t=a.createElement("script");t.src
=e,t.defer=t.type="text/javascript",a.getElementsByTagName("head")[0].appendChild(t)}for(o=Array("flag","emoji"),t.supports={everything:!0,everythingExceptFlag:!0},n=0;n<o.length;n++)t.suppo
rts[o[n]]=function(e){if(!p||!p.fillText)return!1;switch(p.textBaseline="top",p.font="600 32px Arial",e){case"flag":return s([127987,65039,8205,9895,65039],[127987,65039,8205,9895,65039]):
1:!s([55356,56826,55356,56819],[55356,56826,8203,55356,56819])&&!s([55356,57332,56128,56423,56128,56430,56128,56423,56128,56423,56128,56423,56128,56423,56128,56423,56128,56423,56128,56423,55356,56423,8203,55356,57332,8205,55356,56423,8203,55356,
128,56418,8203,55356,56421,8203,55356,56430,8203,55356,56423],[55356,57332,8203,55356,56128,56423,8203,55356,56128,56423,8203,55356,56128,56423,8203,55356,56421],[55357,56424,8203,55356,57212]):!1}(t.support
orts.everything&&!t.supports.everythingExceptFlag&&(t.supports.flag=t.supports.everything[(!n)function(){t.supports.everything||(n=function(){t.readyCallback()},a.addEventListener?(a.addEventList
ener("DOMContentLoaded",n,!1),e.addEventListener("load",n,!1)):(e.attachEvent("onload",n),a.attachEvent("onreadystatechange",function(){"complete"===a.readyState&&t.readyCallback()})),(n=t.s
ource)()}())).concatemoji?c(n.concatemoji):n.wpemoji&&n.twemoji&&(c(n.twemoji),c(n.wpemoji)))}(window,document,window._wpemojiSettings);
            </script>
```

　URL には、Web ページをどのように表示するかを指示する情報を付け加えることができます。この指示情報のことを「パラメータ」といいます。例えば、PC/IT 書籍を「業務改善」というキーワードで絞り込み、それを発売日の新しい順でソートするときは、URL の末尾にクエスチョンマーク「?」を付けて、その後に「キー＝値」のように書きます。キーが複数ある場合は、アンパサンド「&」でつなげます。

■ URL のパラメータの例

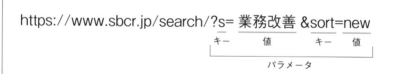

■ パラメータを指定して HTML を取得する

```
html = requests.get(
    'https://www.sbcr.jp/search/?',
    params={'s':'業務改善','sort':'new'}
    )
```

　Response 型の変数に対して使える関数については、次表に整理しておきます。

∎∎ Response 型変数で使える関数

関数	使用例	説明
ok	html.ok	HTTP のステータスコードの値によって、正常に取得できたかどうかを判断します。値が 400 未満の場合は正常です。
text	html.text	HTML を Unicode 文字列で表示します。
content	html.content	HTML をバイト文字列で表示します。
url	html.url	Web ページの URL を表示します。
encoding	html.encoding	エンコード形式を表示します。

タグからデータを取得する

　Web ページから取得した HTML を解析するために、「**bs4**」(ビーエスフォー)というライブラリを使います。bs4 は「BeautifulSoup(ビューティフルスープ)バージョン 4」の略で、「**BeautifulSoup**」が一般的に認知されている名称です。これは Anaconda にあらかじめインストールされているので、次のようにインポートするだけで使えるようになります。

∎∎ bs4 ライブラリ(BeautifulSoup)をインポートする

```
import bs4
```

HTNL を解析する

　bs4 ライブラリをインポートしたら、はじめに **BeautifulSoup**(ビューティフルスープ)関数を使って HTML の解析を行います。1 つ目の引数に HTML のデータを指定します。2 つ目の引数には、HTML の解析方法を指定します。本書では、処理速度が速い「lxml」を使用します。

∎∎ HTML を解析する

> **変数 = bs4.BeautifulSoup(HTML データ , 'lxml')**

　解析方法には次のような種類があります。

■■ HTMLの解析方法

解析方法	説明
html.parser	HTMLを解析するときに使う。処理は標準的な速さ。
lxml	HTMLを解析するときに使う。処理は速い。
lxml-xml	XMLを解析するときに使う。処理は速い。
html5lib	HTMLを解析するときに使う。処理は遅い。HTML5を生成できる。

　実際のWebページで取得したHTMLは「html.text」で取得できるので、それを引数に設定して、解析した結果を「soup」という変数に入れます。この変数は、BeautifulSoupオブジェクトとなります。ここでは、サンプルサイトのHTMLを解析します。

■■ サンプルサイトのHTMLを解析する

```
html = requests.get('https://crawler2.sbcr.jp/pc/')
soup = bs4.BeautifulSoup(html.text, 'lxml')
```

　さて、ここからが本題です。HTMLから、あなたが欲しい情報をどのように探して取得するかを説明します。HTMLは、タグの中にタグがあるという階層構造になっています。欲しい情報がある箇所に一番近いタグを探すのが手っ取り早い方法ですが、そのタグが他の箇所でも使われている場合は、さらに上位階層にあるタグを使って、位置を絞り込んでいく必要があります。

　例えば以下のHTMLにおいて、書籍名を取得することを考えてみましょう。書籍名の一番近くには<a>タグがありますが、<a>タグはWebページ内のいたるところで使われている汎用的なタグなので、<a>タグだけでは目的の場所を絞り込めません。そこで、<a>タグの上位にある<h3>タグや<div>タグで絞り込んでいく必要があります。

上位のタグも見ながら絞り込む

```
▼<div class="article-box">
  ▶<div class="book-thumbnail">…</div>
  ▼<div class="book-overview">                          ────────  上位階層のタグ
    ▼<div class="block-title then-red-arrow abbreviation">
        ::before
      ▼<h3>
        ▼<a href="https://crawler2.sbcr.jp/product/4815602840/index.html">
            "業務改善コンサルタントの現場経験を一冊に" ●────  書籍名
            <span class="assignment">...</span>
          </a>
        </h3>
      </div>
    ▼<p class="block-day clearfix">  flex
        <span>発売日</span>
        "2020年04月11日（土）" ●────────────────  発売日
        ::after
      </p>
    ▶<div class="block-tag">…</div>
    </div>
  </div>
</div>
```

タグを探す

HTML の中からタグを探すには、BeautifulSoup オブジェクトの **find**（ファインド）関数を使います。探すタグの名前を引数に指定します。

タグを探す

BeautifulSoup オブジェクト .find(' タグ名 ')

例えば、以下の <div> タグを探してみましょう。タグ名に「div」と指定します。

<div> タグを探す

```
<div class="article-box">…</div>
  └─ タグ名
```

<div> タグを探す

```
soup.find('div')
```

実行結果は次のようになります（見やすいよう文字色を変えているので、実際の表示とは異なります）。最初にヒットした <div> タグの要素が表示されます。

```
<div id= "header-logo" >
<h1>
<img alt= "SB Creative src= "https://….svg" />
</h1>
</div>
```

　複数のタグで絞り込みたいときは、find 関数の後にさらに find 関数をつなげます。

タグの中にあるタグを探す

BeautifulSoup オブジェクト .find(' タグ名 1').find(' タグ名 2')

　例えば、<div> タグを探して、その要素内にある <h1> タグを探してみましょう。

<div> タグを探し、さらに <h1> タグを探す

```
soup.find('div').find('h1')
```

　すると、最初にヒットした <div> タグの要素の中にある <h1> タグの要素が表示されます。

<div> タグ内の <h1> タグの要素を抽出

```
<h1>
<img alt= "SB Creative src= "https://….svg" />
</h1>
```

タグと属性で探す

　HTML の中では同じタグが何度も使われるので、タグだけで欲しい情報がある場所にたどり着くことは難しいです。そこで、タグに加えて属性でも絞り込みます。属性としてよく使うのが、class 属性と id 属性です。

■■ タグと属性

使う関数は、先ほどと同じ find 関数です。class 属性で探すときは、引数の 2 つ目に「class_=' クラス名 '」と指定します。引数の 1 つ目にあるタグ名は省略して、class 属性だけで探すこともできます。

■■ class 属性で探す

BeautifulSoup オブジェクト .find(' タグ名 ', class_=' クラス名 ')

> **！ 注意**
> 引数に指定するキーワード「class_」は、末尾にアンダースコア「_」を入れるのを忘れないでください。

<div> タグと class 属性「article-box」で探すときは、次のように書きます。

■■ <div> タグと class 属性「article-box」で探す

```
soup.find('div', class_='article-box')
```

実行すると次のような HTML を取得できます(見やすいようインデントや文字色を調整しているため、実際の表示とは異なります)。

<div> タグと class 属性

```
<div class="article-box">
   <div class="book-thumbnail">
            （省略）
   <div class="book-overview">
     <div class="block-title then-red-arrow abbreviation">
       <h3>
            （省略）
       </h3>
     </div>
     <p class="block-day clearfix">
            （省略）
   </div>
</div>
```

class 以外の属性でも同じように探すことができます。では、id 属性を使った例を見てみましょう。id 属性は、class 属性と同じようにタグの中に書かれています。

<div> タグと id 属性

id 属性で探すには、find 関数の引数の 2 つ目に「id='id 名'」と指定します。引数の 1 つ目にあるタグ名は省略して、id 属性だけで探すこともできます。

<div> タグと id 属性「pjax-content」で探す

```
soup.find('div', id='pjax-content')
```

実行結果は次のようになります。

■■ <div> タグと id 属性

```
<div id="pjax-content">
<!-- middle-wrap -->
<div class="middle-wrap">
        (省略)
</div>
<!-- /middle-wrap -->
</div>
```

class 属性や id 属性以外の属性で探す場合は、find 関数の 2 つ目の引数に「attrs={' 属性名 ': ' 値 '}」と指定します。属性名と値の間にはコロン (:) を書いて、それを中カッコ {} で括ります。

■■ その他の属性で探す

BeautifulSoup オブジェクト .find(
　' タグ名 ',
　attrs={' 属性名 ': ' 値 '}
)

試しに、<img> タグ内の「alt」属性の値が「SB Creative」となっている箇所を探してみましょう。

■■ <img> タグと alt 属性「SB Creative」で探す

```
soup.find('img', attrs={'alt': 'SB Creative'})
```

実行結果は次のようになります。

■■ <img> タグと alt 属性

```
<img alt="SB Creative" src="https://www.sbcr.jp/wp-content/themes/sbcr2019/resources/images/svg/common/img-logo-color.svg"/>
```

■ 当てはまるものをすべて探す

find 関数は、検索して最初にヒットしたところしか表示できません。該当する箇所をすべて探し出すためには **find_all**（ファインドオール）という関数を使います。引数の指定方法は、find 関数と全く同じです。

161

BeautifulSoup オブジェクト .find_all(' タグ名 ')

> **! 注 意**
>
> find 関数では、find 関数のあとにさらに find 関数を連ねることができましたが
> (p.158)、find_all 関数については「BeautifulSoup オブジェクト .find_all(' タ
> グ名 ').find(' タグ名 ')」のように、find_all 関数のあとに find 関数を連ねること
> ができません。

class 属性「article-box」で該当箇所をすべて探すときは次のように書きます。

■: class 属性 「article-box」で該当箇所をすべて探す

```
soup.find_all(class_='article-box')
```

上記コードを実行すると、該当箇所がリストで取得でき、ヒットした箇所が
すべて表示されます。

■: class 属性 「article-box」で該当箇所をすべて探す

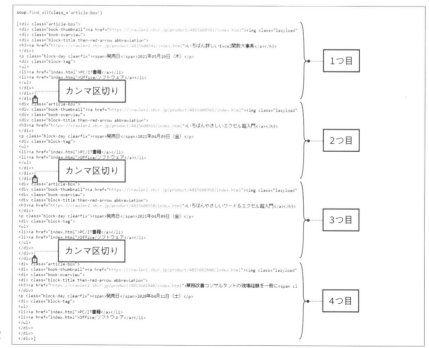

find_all 関数を使うときは、繰り返し処理と組み合わせて使うことが多いです。以下は、class 属性「article-box」をすべて探して、ヒットした要素内でさらに <h3> タグを探して、それを出力するコードです。class 属性がヒットした箇所を「script」という変数に入れて、その中で <h3> タグを探す処理を繰り返し行います。for を使った繰り返し処理については p.53 で解説しています。

:: **<h3> タグの要素をすべて出力する**

```
for script in soup.find_all(class_='article-box'):
    print(script.find('h3'))
```

実行すると、指定した class 属性の中にある <h3> タグの要素がすべて表示されます。

:: **<h3> タグの要素をすべて出力する**

```
<h3><a href="https://crawler2.sbcr.jp/product/4815608941/index.html"> いちばん詳しい Excel 関数大事典 </a></h3>
<h3><a href="https://crawler2.sbcr.jp/product/4815608965/index.html"> いちばんやさしいエクセル超入門 </a></h3>
<h3><a href="https://crawler2.sbcr.jp/product/4815608958/index.html"> いちばんやさしいワード＆エクセル超入門 </a></h3>
<h3><a href="https://crawler2.sbcr.jp/product/4815602840/index.html"> 業務改善コンサルタントの現場経験を一冊に <span
class="assignment">...</span></a></h3>
```

コンテンツを取得する

HTML の要素内にあるコンテンツ（タグを除外したテキスト）を取得するには、BeautifulSoup オブジェクトの **text**（テキスト）関数を使います。

:: コンテンツ

<h3> 業務改善コンサルタントの現場経験を一冊に…</h3>

> コンテンツ

text 関数は、find 関数と組み合わせて使うことが多いです。コンテンツを取り出せる text 関数を使うと、商品名や発売日を一括取得するなど、いかにも Web スクレイピングらしい動作ができるようになります。

■ コンテンツを取得する

> **BeautifulSoup オブジェクト .find(' タグ名 ').text**

　今回は p.163 に登場した繰り返し処理のコードに、text 関数を付け加えて、class 属性が「article-box」である箇所を検索し、その中の <h3> タグに囲まれたコンテンツをすべて取得します。

■ <h3> タグのコンテンツをすべて取得する

```
for script in soup.find_all(class_='article-box'):
    print(script.find('h3').text)
```

　上記を実行すると、サンプルページに表示されている書籍名だけを一覧表示できます。

■ サンプルページ

■ 書籍名を一覧表示

```
いちばん詳しいExcel関数大事典
いちばんやさしいエクセル超入門
いちばんやさしいワード＆エクセル超入門
業務改善コンサルタントの現場経験を一冊に...
```

属性の値を取得する

　属性の値は、タグの中にあります。次の例は、<a> タグの中にある href 属性の値です。書籍ページの URL が記載されています。

■■ 属性の値

<a href ="https://www.sbcr.jp/product/4815602840/">
業務改善コンサルタントの現場経験を一冊に…<a>

属性の値

　属性の値を取得するには、BeautifulSoup オブジェクトの **get**(ゲット)関数を使います。引数には、属性名を指定します。

■■ 属性の値を取得する

> **BeautifulSoup オブジェクト .find(' タグ名 ').get(' 属性名 ')**

　ここでは、p.163 で紹介した繰り返し処理のコードを、<a> タグの中の href 属性の値を取得するように書き換えてみます。

■■ a タグの中の href 属性の値を取得する

```
soup = bs4.BeautifulSoup(html.text, 'lxml')

for script in soup.find_all(class_='article-box'):
    print(script.find('a').get('href'))
```

　実行すると、商品の詳細ページの URL の一覧が表示されます。

■■ 商品ページの URL 一覧を表示

```
https://crawler2.sbcr.jp/product/4815608941/index.html
https://crawler2.sbcr.jp/product/4815608965/index.html
https://crawler2.sbcr.jp/product/4815608958/index.html
https://crawler2.sbcr.jp/product/4815602840/index.html
```

■ タグを取り除く

　タグからデータを取得するとき、余計なタグが入っているために欲しい情報だけ取得できない場合があります。ここでは、サンプルサイトの商品一覧ページの HTML から、発売日の日付を取得することを考えてみましょう。

　class 属性「block-day clearfix」から取得できそうなので、text 関数を使ってコンテンツを取得してみます。はじめに、繰り返し処理で class 属性が「article-box」の箇所を抽出し、その中から class 属性が「block-day clearfix」

165

のコンテンツを取得します。

```
soup = bs4.BeautifulSoup(html.text, 'lxml')

for script in soup.find_all(class_='article-box'):
    script2 = script.find(class_='block-day clearfix')
    print(script2.text)
```

　これを実行すると、次のように「発売日」という余計な文字列まで取得できてしまいます。class 属性「block-day clearfix」で探してヒットした <p> タグの中には「<span> 発売日 </span>2021 年 05 月 20 日（木）」のように書かれており、タグを取り除いたコンテンツが取得されます。

■■「発売日」という文字列も含まれてしまう

```
発売日2021年05月20日　（木）
発売日2021年04月09日　（金）
発売日2021年04月09日　（金）
発売日2020年04月11日　（土）
```

　「発売日」という文字を削除することも可能ですが、ここではその文字が含まれるタグをまるごと取り除いてみます。タグを取り除くには、BeautifulSoupオブジェクトの **extract**（エクストラクト）関数を使います。

■■ タグを取り除く

> **BeautifulSoup オブジェクト . タグ名 . extract()**

　extract 関数を実行すると、BeautifulSoup オブジェクトの中から該当するタグが取り除かれます。今回取り除きたい「発売日」の文字列は <span> タグタグの中にあるため、<span> タグを指定します。

---

memo

extract 関数を使うと BeautifulSoup オブジェクト自体が変更されます。元の BeautifulSoup オブジェクトが入った変数は残しておいて、新しく用意した変数に変更を加えることをおすすめします。

:: `<span>` タグを取り除く

```python
soup = bs4.BeautifulSoup(html.text, 'lxml')

for script in soup.find_all(class_='article-box'):
    script2 = script.find(class_='block-day clearfix')
```

> 変数scriptは元のまま残しておき、新たにscript2という変数を用意する

```python
    script2.span.extract()
    print(script2.text)
```

> `<span>`タグを取り除く

4
Python × Web の自動化

上記のコードを実行すると「発売日」という文字が削除され、日付だけを取得できます。

---

memo

HTML の中に同じタグが複数あったとしても、最初にヒットしたタグだけしか除外されませんので注意してください。

`extract` 関数は、HTML の中から特定のタグだけ取り出す用途で使うこともできます。

:: `<span>` タグを取り出す

```python
soup = bs4.BeautifulSoup(html.text, 'lxml')

for script in soup.find_all(class_='article-box'):
    script2 = script.find(class_='block-day clearfix')
    print(script2.span.extract())
```

上記コードを実行すると、実行結果に「`<span>` 発売日 `</span>`」と表示されます。

:: `<span>` タグを取り除く（左）、取り出す（右）

```
2021年05月20日 （木）        <span>発売日</span>
2021年04月09日 （金）        <span>発売日</span>
2021年04月09日 （金）        <span>発売日</span>
2020年04月11日 （土）        <span>発売日</span>
```

子ページのデータを取得する

サンプルサイトの商品一覧ページから、それぞれの商品の詳細ページを開いて
データを取得します。子ページの構造がすべて同じであれば、繰り返し処理で
必要なデータを一気に探すことができます。

Web ページの構成

典型的な Web ページの構成は、一覧を表示するページがあって、そこから
詳細ページにジャンプすることができる、いわゆる親子関係にあります。子
ページ（詳細ページ）を 1 つ 1 つ開いてデータを取得する作業は面倒なので、
Python を使って複数の子ページのデータを自動取得する方法を紹介します。
下図は、親子関係にある Web ページの例です。

■: 親子関係にある Web ページ

親ページ（サンプルサイトの商品一覧ページ）から、子ページを開いて「書籍
名」「発売日」「定価」を取得します。作業手順は次のとおりです。

①親ページの HTML を取得する
②子ページの URL を取得する
③子ページを開いて、HTML を取得する
④書籍名、発売日、定価を取得する
⑤取得したデータを表示する

　今回は最初に完成形のプログラムを紹介します。

■■ 子ページのデータを取得する

```python
import bs4
import requests

html = requests.get('https://crawler2.sbcr.jp/pc/')    ①
soup = bs4.BeautifulSoup(html.text, 'lxml')

for script in soup.find_all(class_='article-box'):     ②
    url = script.find('a').get('href')

    html2 = requests.get(url)                          ③
    soup2 = bs4.BeautifulSoup(html2.text, 'lxml')

    title = soup2.find('h2').text

    soup3 = soup2.find(class_='block-day clearfix')
    soup3.span.extract()                               ④
    rdate = soup3.text.strip()

    price = soup2.find(class_='block-price gf-rubik').text

    print(title)
    print(rdate)                                       ⑤
    print(price)
    print('-----')
```

> **memo**
>
> bs4 ライブラリと requests ライブラリをすでにインポートしている場合は、インポートの記述を省略できます。

はじめに親ページのHTMLを取得し（①）、②〜⑤の処理を繰り返して各子ページから必要な情報を取得します。以下、順番にコードの説明をしていきます。

■ 親ページのHTMLから子ページのURLを取得して開く

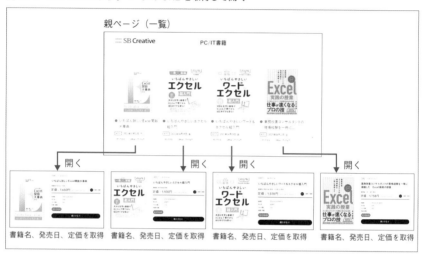

①親ページのHTMLを取得する

商品一覧ページのURL(https://crawler2.sbcr.jp/pc/)からHTMLを取得し、それを変数「html」に入れてHTMLを解析します。解析結果は変数「soup」に格納します。

■ 親ページのHTMLを取得する

```
html = requests.get('https://crawler2.sbcr.jp/pc/')
soup = bs4.BeautifulSoup(html.text, 'lxml')
```

②子ページのURLを取得する

親ページのHTMLから子ページのURLを探すため、find_all関数を使って親ページのHTMLからclass属性「article-box」のある箇所をすべて検索します。ヒットしたところに子ページのURLの情報があるので、繰り返し処理を使って、URLを1つずつ取得します。URLは、<a>タグのhref属性の値か

ら取り出します。取得した URL は、「url」という変数に入れます。

子ページの URL を取得する

```
for script in soup.find_all(class_='article-box'):
    url = script.find('a').get('href')
```

③子ページを開いて、HTML を取得する

手順①と同じように、子ページの URL から HTML を取得して「html2」という変数に入れます。子ページの HTML を解析した結果は「soup2」という変数に入れます。

子ページの HTML を取得する

```
html2 = requests.get(url)
soup2 = bs4.BeautifulSoup(html2.text, 'lxml')
```

④書籍名、発売日、定価を取得する

子ページの HTML の解析結果から書籍名、発売日、定価を取得します。

手がかりになるのは、欲しい情報の近くにあるタグや属性です。最初に、コンテンツの近くのタグや属性だけで情報を取得できるかどうかを確認します。ただし、他の箇所にも同じ名前のタグや属性があることが多いので、欲しい情報を一発で取得できることは稀です。その場合は、さらに上位階層にあるタグや属性で絞り込んでいきます。以下は、情報の取得方法の一例です。

情報の取得方法

項目	取得方法
書籍名	\<h2\> タグのコンテンツを取得する ※ \<h2\> タグだけでヒットしない場合は、class 属性「block-author」等で絞り込みます。
発売日	class 属性「block-day clearfix」の要素から \<span\> タグを取り除いて、そのコンテンツを取得する ※単に class 属性「block-day clearfix」のコンテンツを取得してしまうと、「発売日」という余計な文字まで入ってしまうので、\<span\> タグを取り除くという一手間を加えています。
定価	class 属性「block-price gf-rubik」のコンテンツを取得する

書籍名を取得するには、<h2> タグを探して、そのコンテンツを出力します。取得した値は「title」という変数に入れます。

■■ 書籍名を取得する

```
title = soup2.find('h2').text
```

もし <h2> タグだけでヒットしない場合は、class 属性「block-author」で絞り込みます。

■■ <h2> タグだけでヒットしない場合

```
title = soup2.find(class_='block-author').find('h2').text
```

続けて、発売日を取得します。class 属性「block-day clearfix」を探し、ヒットした要素を「soup3」という変数に入れます。そこから <span> タグを取り除き、コンテンツを出力します。取得した値は、「rdate」という変数に入れます。soup2 の代わりに soup3 という変数を使っている理由は、extract 関数を使うと、BeautifulSoup オブジェクトが変更されてしまうからです。soup2 は他の情報(定価)を取得する際にも使うので、元の HTML のまま変更されないようにしておきます。

■■ 発売日を取得する

```
soup3 = soup2.find(class_='block-day clearfix')
soup3.span.extract()
rdate = soup3.text.strip()
```

memo

strip 関数は、文字列に含まれる空白、改行文字、タブ文字などの文字を削除してくれます。発売日を取得するとき、コンテンツに余計な文字(改行文字や空白)が含まれていたため、strip 関数を使って、余計な文字を除外しています。

最後に定価を取得します。find 関数で class 属性「block-price gf-rubik」を探して、そのコンテンツを出力します。取得した値は、「price」という変数に入れます。

■■ 定価を取得する

```
price = soup2.find(class_='block-price gf-rubik').text
```

⑤取得したデータを表示する

　データが取得できているかを確認するために、print 関数でデータを表示します。出力結果を書籍ごとに分けて見やすくするため、区切り線「-----」もあわせて出力します。

■■ 取得したデータを表示する

```
print(title)
print(rdate)
print(price)
print('-----')
```

　出力結果は次のようになります。

■■ 各子ページから取得したデータ

```
いちばん詳しいExcel関数大事典

2021年05月20日（木）
定価：1,650円（本体1,500円+税10%）
-----
いちばんやさしいエクセル超入門

2021年04月09日（金）
定価：1,100円（本体1,000円+税10%）
-----
いちばんやさしいワード＆エクセル超入門

2021年04月09日（金）
定価：1,518円（本体1,380円+税10%）
-----
業務改善コンサルタントの現場経験を一冊に凝縮した　Excel実践の授業

2020年04月11日（土）
定価：1,738円（本体1,580円+税10%）
-----
```

取得したデータを Excel に出力する

前節では親ページから複数の子ページを呼び出して、それぞれの子ページから
データを取得するプログラムを作成しました。本節では取得したデータを単に
表示して終わるのではなく、データをリスト化して Excel ファイルに出力す
る方法を紹介します。外部に出力・保存することで、データ活用の幅が広がり
ます。

　前節では各子ページから書籍名、発売日、定価を取得しました。ここでは、
取得したデータを表形式にまとめるため、p.48 で学習したリストを使います。
　データを表形式にまとめるには、リストを 2 次元にする必要があります。2
次元といっても難しく考える必要はありません。下図のように、リストの中に
リストを入れるイメージです。

■ リスト

リストを作成する

　リストを作成するときは、角カッコを使って次のように書きます。

■ リストを作成する

```
変数 = [ ]
```

　作成したリストにデータを追加するときは、append 関数を使います。引数
にはリスト型のデータを指定します。

■ リストにデータを追加する

```
変数 .append([' 値 1', ' 値 2', ' 値 3'])
```

では、書籍のデータをリストに追加するコードを書いてみましょう。先ほど
のプログラムにおいて、繰り返し処理の「前」でリストを作成し、繰り返し処
理の「中」でリストにデータを追加します。

■ 子ページのデータを取得してリストに追加する

```python
import bs4
import requests

html = requests.get('https://crawler2.sbcr.jp/pc/')
soup = bs4.BeautifulSoup(html.text, 'lxml')

data = []  ● ────── リストを作成する

for script in soup.find_all(class_='article-box'):
    url = script.find('a').get('href')

    html2 = requests.get(url)
    soup2 = bs4.BeautifulSoup(html2.text, 'lxml')

    title = soup2.find('h2').text

    soup3 = soup2.find(class_='block-day clearfix')
    soup3.span.extract()
    rdate = soup3.text.strip()

    price = soup2.find(class_='block-price gf-rubik').text

    data.append([title, rdate, price])  ● ────── リストにデータを追加する
```

上記プログラムを実行した後、data を表示すると次のようなデータが表示
されます(見やすいよう、一部レイアウトを修正しています)。

■ 取得したデータを表示する

```python
print(data)
```

```
[['いちばん詳しいExcel関数大事典    ¥n¥n', '2021年05月20日（木）', '定価：1,650円（本体1,500円+税10%）'],
 ['いちばんやさしいエクセル超入門    ¥n¥n', '2021年04月09日（金）', '定価：1,100円（本体1,000円+税10%）'],
 ['いちばんやさしいワード＆エクセル超入門    ¥n¥n', '2021年04月09日（金）', '定価：1,518円（本体1,380円+税10%）'],
 ['業務改善コンサルタントの現場経験を一冊に凝縮した¥u3000Excel実践の授業    ¥n¥n', '2020年04月11日（土）', '定価：1,738円（本体1,580円+税10%）']]
```

Python × Web の自動化

■ 作成したリストを Excel に出力する

　各子ページのデータが入ったリストを Excel ファイルとして出力するには、
p.60 で学習した pandas ライブラリを使います。はじめに、リストのデータ
をデータフレームに格納します。このときにリストの見出しも設定しておきま
しょう。

■ リストをデータフレームに入れる

```
データフレーム = pd.DataFrame(
リスト , columns=[' 見出し 1', ' 見出し 2', ' 見出し 3']
)
```

　リストを入れたデータフレームを、to_excel 関数で Excel に出力します。
出力先のファイルパスやシート名を指定します。

■ リストを Excel に出力する

```
データフレーム .to_excel(
' ファイルパス ', sheet_name=' シート名 ', index=False
)
```

　それでは、前項で作成したリストを変数「df」に格納し、「books.xlsx」とい
う Excel ファイルとして出力してみましょう。シート名は「books」とします。
pandas ライブラリのインポートを忘れないよう注意してください。

■ データを Excel に出力する

```
import pandas as pd

df = pd.DataFrame(data, columns=['書籍名', '発売日', '価格']) •┈┈┈
```
リストをデータフレームに入れる
```
df.to_excel('C:/Users/suzuki/books.xlsx', sheet_name='books',
index=False) •┈┈┈┈┈
```
Excelにデータを出力する

　上記のプログラムを実行すると、リストのデータが Excel に出力されます。
下図は出力例です(見やすいよう、一部レイアウトを修正しています)。

■ Excel にリストが出力された

Python × Web の自動化
4

177

Chapter

5

Python × PDF の自動化

社内文書を PDF 形式で作成して稟議に回したり、配布したりすることが多々あります。PDF 編集ソフトを使えば、テキストや透かしを入れたり、ページを追加・削除したりすることができますが、実は Python でもそのような作業を簡単に実現できます。本章で紹介する PDF 操作のテクニックを覚えておけば、PDF を自由自在に加工・編集できるようになります。

PDF ファイルを操作する

PDF ファイルに関する操作を自動化するために必要な知識を学習していきます。本節で紹介する基本的な操作と、次節以降で紹介するページ操作を組み合わせると、PDF ファイルの加工・編集を自由自在に行えるようになります。

　本節では「sample.pdf」という名前の PDF ファイル（全 2 ページ）を題材に、PDF の操作を紹介します。

■ sample.pdf

　PDF ファイルを操作するためのライブラリはいろいろありますが、本書では「**PyMuPDF**」（パイエムユーピーディーエフ）を使います。PyMuPDF は Anaconda に含まれていないライブラリなので、インストールする必要があります。

■ PyMuPDF ライブラリをインストールする

```
pip install PyMuPDF
```

　続いてライブラリをインポートしますが、ライブラリの名前は「PyMuPDF」ではなく「**fitz**」（フィッツ）に変わりますので注意してください。以降、fitz ライブラリと呼びます。

▪▪ fitz ライブラリをインポートする

```
import fitz
```

PDF ファイルを開く

　PDF ファイルを操作するには、PDF ファイルを開かないといけません。PDF ファイルを開くには、**open**(オープン)関数を使います。引数にはファイルパスを指定します。ファイルパスを指定しなければ、新しい PDF を作成するという意味になります。併せて、後でファイルを操作するために使う変数を用意しておき、以下のようにコードを書きます。

▪▪ PDF ファイルを開く

変数 = fitz.open('ファイルパス')

　さっそく、sample.pdf を開いてみましょう。操作対象のファイルは変数「`file`」に格納します。

　sample.pdf は「C:¥Users¥suzuki¥chapter5¥sample.pdf」にあるものとします。

▪▪ PDF ファイルを開く

```
file = fitz.open('C:/Users/suzuki/chapter5/sample.pdf')
```

　このコードを実行しても何も表示されませんが、変数「`file`」には fitz ライブラリの「Document」(ドキュメント)型のオブジェクトが格納されます。以降、ファイルが格納された変数のことを「Document オブジェクト」と呼びます。

> ⚠注意
>
> PDF ファイルを開くときに、「RuntimeError: cannot open・・・: No such file or directory」というエラーメッセージが表示されたら、ファイルパスに間違いがないか確認してください。

PDF ファイルの情報を取得する

PDF ファイルのページ数と目次を取得します。

ページ数を取得する

PDF ファイルのページ数を取得するには **page_count**(ページカウント)という属性(オブジェクトに関するさまざまな情報を取得するためのもの)を使います。属性は、後ろにカッコをつける必要はありません。

■ ページ数を取得する

> **Document オブジェクト .page_count**

今回は「sample.pdf」のページ数を取得してみましょう。

「sample.pdf」を格納した変数「file」を Document オブジェクトに指定します。

■ ページ数を取得する

```
file.page_count
```

上記のコードを実行すると、実行結果に「2」と表示されます。これは、PDF ファイルが 2 ページあることを意味します。

```
file.page_count

2
```

> **memo**
>
> PDF ファイルを開かずに page_count 関数を使うと、「NameError: name 'file' is not defined」というエラーが表示されます。

目次を取得する

PDF ファイルにしおり（目次）が設定されている場合は、**get_toc**（ゲットティーオーシー）関数で取得できます。「toc」は、table of contents の略で、目次という意味です。次のような、しおりが設定されている PDF についてのみ目次を取得することができます。

■ しおり（目次）のある PDF

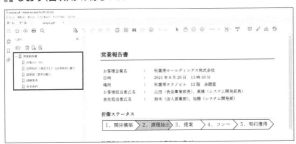

Word から PDF を作成する場合は、下図のようにあらかじめ見出しを設定しておけば、PDF を作成するときにしおりが生成されます。

■ Word で見出しを設定しておくと、PDF 作成時にしおりが生成される

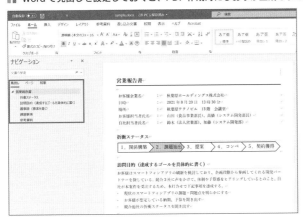

get_toc 関数を書くときは、後ろにカッコをつけてください。

> # Document オブジェクト .get_toc()

実際に使ってみましょう。先ほどの page_count と同様、変数「file」に対して get_toc 関数を使います。

```
file.get_toc()
```

実行結果には目次が表示され、次のようにリスト形式で出力されます。

```
file.get_toc()

[[1, '営業報告書', 1],
 [2, '折衝ステータス', 1],
 [2, '訪問目的（達成するゴールを具体的に書く）', 1],
 [2, '議事録（事実を書く）', 1],
 [2, '課題事項', 1],
 [2, '参考資料', 2]]
```

項目	説明
レベル	目次は1階層目、2階層目というように階層構造になっており、その階層の番号が表示される。
見出し	見出しの名称。
ページ番号	見出しが書かれているページの番号。

■ PDF ファイルを保存する

PDF ファイルを保存するには、**save**(セーブ)関数を使います。引数に、保

存先のファイルパスを指定します。

■: PDF ファイルを保存する

Document オブジェクト .save(' ファイルパス ')

また、上書き保存する場合は **saveIncr**（セーブインクリ）関数を使います。
save 関数でも上書き保存することができますが、saveIncr 関数はファイル
パスを指定する必要がないので楽です。

■: PDF ファイルを上書き保存する

Document オブジェクト .saveIncr()

> memo
>
> ファイルパスではなくファイル名だけを指定することもできます。その場合は、
> 今いる場所に保存されます。

　ここでは save 関数を使って PDF ファイルを保存してみましょう。変数
「file」に入った sample.pdf を、「saved.pdf」という名前で保存します。

■: PDF ファイルを保存する

```
file.save('saved.pdf')
```

　コードを実行すると、「saved.pdf」という PDF ファイルが作成されます。
save 関数は、編集したファイルを保存するときに使うだけでなく、単にファ
イルをコピーするときにも使うことができます。

PDF ファイルを閉じる

　PDF ファイルの操作を終えたら、必ずファイルを閉じるようにしてくださ
い。ファイルを閉じるときは **close**（クローズ）関数を使います。引数には何も
指定しません。

Document オブジェクト .close()

それでは、sample.pdf を閉じてみましょう。sample.pdf は変数「file」に格納されています。

■ PDF ファイルを閉じる

```
file.close()
```

ファイルを閉じるのに成功した場合、実行結果には何も表示されません。一方で、すでに閉じられているファイルに対して close 関数を実行すると、「ValueError: document closed」というエラーが表示されます。

```
file.close()

---------------------------------------------------------------
ValueError                                Traceback (most recent call last)
<ipython-input-27-2f72176549a0> in <module>
----> 1 file.close()

~\Anaconda3\lib\site-packages\fitz\fitz.py in close(self)
   3669             """Close document."""
   3670             if self.is_closed:
-> 3671                 raise ValueError("document closed")
   3672             if hasattr(self, "_outline") and self._outline:
   3673                 self._dropOutline(self._outline)

ValueError: document closed
```

エラーが出ないようにするには、ファイルを閉じる前に、ファイルが閉じられているかどうかを確認するとよいです。**is_closed**(イズクローズド)関数を使うと、ファイルが閉じられている場合は「True」、ファイルが開いている場合は「False」という値を取得できます。

■ ファイルが閉じられているか確認する

Document オブジェクト .is_closed

では、sample.pdf が閉じられているかを確認しましょう。先の close 関数が正しく動作していれば、実行結果は「True」と表示されます。

▪▪ PDF ファイルが閉じられているか確認する

```
file.is_closed
```

```
[28]:  file.is_closed

[28]:  True
```

　if 文と組み合わせると「PDF ファイルが閉じられているかを確認し、ファイルが開いている場合だけ処理を行う」といったコードも作成できます。

▪▪ PDF ファイルが開いている場合のみ処理を行う

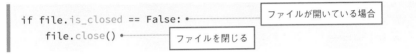

```
if file.is_closed == False:  ●─────  ファイルが開いている場合
    file.close()  ●─────  ファイルを閉じる
```

　ファイルを閉じるのを忘れると、Python がそのファイルを触ったままの状態になるため、ファイルを移動したり削除したりすることができなくなります。具体的には、エクスプローラー上で PDF ファイルを削除しようとすると、以下のように「Python によってファイルは開かれているため、操作を完了できません。」というエラーが表示されることがあります。

　PDF ファイルを閉じてもエクスプローラー上でファイルを削除できないときは、JupyterLab のメニュー[Kernel](カーネル)→[Restart Kernel](リスタートカーネル)をクリックしてください。この操作により、Python が PDF ファイルを触った状態が解除されます。ただし、[Restart Kernel]を押した後

5

Python × PDF の自動化

は、一連のコードを実行し直す必要があります。

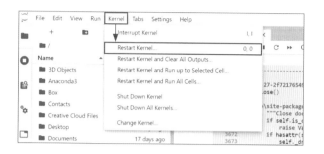

PDF ファイルを結合する

　複数の PDF ファイルを結合するには、**insert_pdf**(インサートピーディーエフ)関数を使います。この関数を使う前に、結合に使用するすべてのファイルを開いておく(変数に格納して Document オブジェクトを作っておく)必要があります。

PDF ファイルを結合する

```
元の Document オブジェクト .insert_pdf(
    結合する Document オブジェクト ,
    from_page= 開始ページ番号 ,
    to_page= 終了ページ番号 ,
    start_at= コピー先ページ番号
)
```

4 つの引数

　引数は 4 つあります。1 つ目の引数では、結合する Document オブジェクトを指定します。残り 3 つの引数は省略することができ、どのページから(`from_page`)どのページまで(`to_page`)を、何ページ目に(`start_at`)挿入するかを指定します。

■■ insert_pdf の引数

引数名	説明
from_page	結合する PDF ファイルの開始ページを指定する。この引数を指定しない場合は、先頭（ページ番号は「0」）となる。
to_page	結合する PDF ファイルの終了ページを指定する。この引数を指定しない場合は、末尾となる。
start_at	結合する PDF ファイルを、元の PDF ファイルの何ページ目の前に挿入するかを指定する。「0」を指定すると、元の PDF ファイルの先頭に挿入される。また、この引数を指定しないと、元の PDF ファイルの末尾に挿入される。

上記引数についての補足です。「from_page」と「to_page」を指定しない場合は、結合する PDF のすべてのページが挿入されます。また、「start_at」を指定しない場合は、元の PDF ファイルの末尾に、結合する PDF ファイルが挿入されます。

もう 1 つ、重要な注意点です。コードを書くときに指定するページ番号は「0」から始まります。そのため、「start_at」のページ番号を「0」に指定すると、結合する PDF ファイルは、元の PDF ファイルの先頭に挿入されます。

■■ 先頭のページに結合する

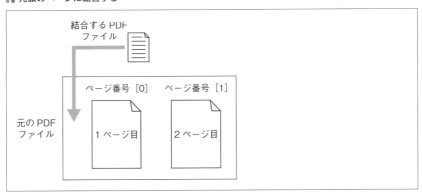

では、実際にコードを書いていきます。結合する PDF ファイルとして、「sample2.pdf」を用意します。この PDF ファイルには、以下のページが含まれています。これを、「sample.pdf」に結合してみましょう。

■■ sample2.pdf

コードは次のような流れで作成します。

①PDF ファイルを開く(open 関数)
②PDF ファイルを結合する(insert_pdf 関数)
③PDF ファイルを保存する(save 関数)
④PDF ファイルを閉じる(close 関数)

①PDF ファイルを開く

　まず、元の PDF ファイル「sample.pdf」と、結合する PDF ファイル「sample2.pdf」をそれぞれ開き、Document オブジェクトを作成します。変数の名前はそれぞれ、「file」「file2」とします。

■■ 結合する PDF ファイルを開く

```
file = fitz.open('C:/Users/suzuki/chapter5/sample.pdf')
file2 = fitz.open('C:/Users/suzuki/chapter5/sample2.pdf')
```

②PDF ファイルを結合する

　開いたファイルを insert_pdf 関数で結合します。引数の 2 つ目以降を何も指定しない場合は、結合する PDF ファイルのすべてのページが、元の PDF ファイルの末尾に挿入されます。

▪▪ file に file2 を結合する

```
file.insert_pdf(file2)
```

③PDF ファイルを保存する

結合したファイルを「merged.pdf」というファイル名で保存します。

```
file.save('C:/Users/suzuki/chapter5/merged.pdf')
```

④PDF ファイルを閉じる

最後に、結合に使用したファイルを閉じます。

▪▪ PDF ファイルを閉じる

```
file.close()
file2.close()
```

①～④の一連のコードを実行すると、次のような PDF ファイル(merged.pdf)が作成されます。

▪▪ merged.pdf

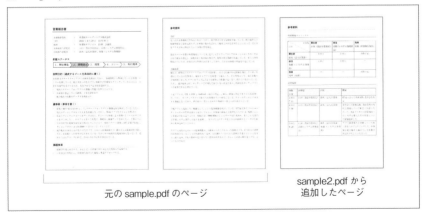

元の sample.pdf のページ

sample2.pdf から
追加したページ

以下は余談ですが、ページを挿入する位置を変えるために「start_at=1」と指定してみます。

■ file の 2 ページ目に file2 を結合する

```
file.insert_pdf(file2, start_at=1)
```

　実行結果は以下のようになり、挿入するページの位置を変えることができます。

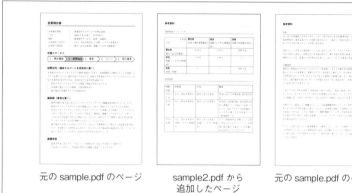

元の sample.pdf のページ　　sample2.pdf から　　元の sample.pdf のページ
　　　　　　　　　　　　　　　　追加したページ

PDF ファイルのページを操作する

PDF のページ抽出、コピー、移動、追加、削除といった操作方法を学習します。これらの機能を使いこなせれば、PDF 資料作成などの業務に役立つこと間違いなしです。

ページを抽出する

PDF ファイルの中から特定のページを抽出し、別の PDF ファイルとして保存することができます。ここでは、「sample.pdf」の 2 ページ目を抽出して「extracted.pdf」という名前で保存します。

■■ 抽出したページを別名で保存する

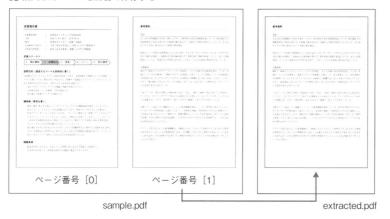

ページ番号［0］　　　ページ番号［1］

sample.pdf　　　　　　　　　　　　　　extracted.pdf

作業手順は次のとおりです。

①元の PDF ファイルを開く（open 関数）
②新規 PDF ファイルを作成する（open 関数）
③新規 PDF ファイルに、ページを追加する（insert_pdf 関数）
④新規 PDF ファイルを保存する（save 関数）
⑤すべての PDF ファイルを閉じる（close 関数）

では、実際にコードを書いていきます。

① 元の PDF ファイルを開く

open 関数を使って、既存の PDF ファイル(sample.pdf)を開きます。

```
file = fitz.open('C:/Users/suzuki/chapter5/sample.pdf')
```

② 新規 PDF ファイルを作成する

抽出したページを入れるため、空の PDF ファイルを作成します。open 関数の引数に何も指定しないと、中身が空の PDF ファイルを作成することができます。

```
file2 = fitz.open()
```

③ 新規 PDF ファイルに、ページを追加する

insert_pdf 関数を使って、空の PDF ファイルに対して、元の PDF ファイルの特定のページを挿入します。今回は、元の PDF ファイルの 2 ページ目だけを抽出するため、引数の「from_page」「to_page」ともに「1」を指定します。新規 PDF ファイルには何もページがないので、引数に「start_at」を指定する必要はありません。

```
file2.insert_pdf(file, from_page = 1, to_page = 1)
```

④ 新規 PDF ファイルを保存する

「sample.pdf」の 2 ページ目が追加された PDF ファイルを、「extracted.pdf」という名前で保存します。

```
file2.save('C:/Users/suzuki/chapter5/extracted.pdf')
```

⑤すべての PDF ファイルを閉じる

最後に、close 関数を使ってすべてのファイルを閉じます。

■■ すべての PDF ファイルを閉じる

```
file.close()
file2.close()
```

以上のコードを実行すると、元の PDF ファイルの 2 ページ目を抽出して、新規 PDF ファイルを作成できます。

■■ extracted.pdf

ページをコピーする

PDF ファイルのページをコピーするには、Document オブジェクトの **fullcopy_page**（フルコピーページ）関数を使います。引数は 2 つあり、どのページ（コピー元ページ番号）を、どのページ（コピー先ページ番号）の前にコピーするかを指定します。コピー先のページ番号を指定しない場合は、末尾にコピーされます。

> **Document オブジェクト .fullcopy_page (**
> **コピー元ページ番号 ,**
> **to= コピー先ページ番号**
> **)**

　今回は、「sample.pdf」の 1 ページ目を末尾にコピーしてみましょう。1 ページ目なので、コピー元ページ番号には「0」を指定します。コピー先は末尾なので、コピー先ページ番号は指定する必要がありません。

■: ページをコピーする

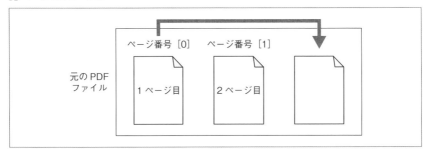

　それでは、次のような流れでコードを書いていきましょう。

①PDF ファイルを開く（open 関数）
②ページをコピーする（fullcopy_page 関数）
③PDF ファイルを保存する（save 関数）
④PDF ファイルを閉じる（close 関数）

①PDF ファイルを開く

　はじめに、編集する PDF ファイル（sample.pdf）を開きます。

■: PDF ファイルを開く

```
file = fitz.open('C:/Users/suzuki/chapter5/sample.pdf')
```

②ページをコピーする

　コピーしたいページ番号を指定してコピーします。コピーするのは 1 ペー

ジ目なので、引数には「0」を指定します。また、今回はコピーしたページを末尾に追加するため、コピー先のページ番号は指定しません。

■■ 先頭のページをコピーする

```
file.fullcopy_page(0)
```

③PDF ファイルを保存する

編集した sample.pdf を「copied.pdf」というファイル名で保存します。

■■ PDF ファイルを保存する

```
file.save('C:/Users/suzuki/chapter5/copied.pdf')
```

④PDF ファイルを閉じる

最後に、close 関数で PDF ファイルを閉じて終了します。

■■ PDF ファイルを閉じる

```
file.close()
```

次のようなファイルが作成されていれば成功です。

■■ copied.pdf

コピーしたページ

PDF ファイルの特定のページを移動するときは、**move_page**(ムーブページ)関数を使います。引数には、どのページ(移動するページのページ番号)を、どのページ(移動先ページ番号)の前に移動するかを指定します。

⠇⠇ ページを移動する

```
Documentオブジェクト.move_page(
ページ番号 ,
to= 移動先ページ番号
)
```

sample.pdf の 2 ページ目を先頭に移動するコードを書いてみましょう。流れは次のとおりです。

①PDF ファイルを開く(open 関数)
②ページを移動する(move_page 関数)
③PDF ファイルを保存する(save 関数)
④PDF ファイルを閉じる(close 関数)

①PDF ファイルを開く

編集する PDF ファイル(sample.pdf)を開きます。

⠇⠇ PDF ファイルを開く

```
file = fitz.open('C:/Users/suzuki/chapter5/sample.pdf')
```

②ページを移動する

2 ページ目を移動するので、ページ番号には「1」を指定します。先頭(1 ページ目)に移動するので、移動先ページ番号は「0」にします。

⠇⠇ 移動するページと移動先の位置を指定する

```
file.move_page(1, to=0)
```

③PDFファイルを保存する

編集したPDFファイルを、「moved.pdf」というファイル名で保存します。

■ PDFファイルを保存する

```
file.save('C:/Users/suzuki/chapter5/moved.pdf')
```

④PDFファイルを閉じる

最後に、close関数を使ってPDFファイルを閉じます。

■ PDFファイルを閉じる

```
file.close()
```

実行結果は次のようになります。

■ moved.pdf

移動したページ

ページを追加する

　PDFファイルに空白のページを追加します。報告書などの途中に空白ページを入れてコメントを書き込んだり、ページ数が多い場合に見出し(インデックス)ページを挿し込んだりすることができます。使うのは、**new_page**(ニューページ)関数です。引数には、挿入するページ番号を指定します。

Document オブジェクト .new_page(ページ番号)

引数に指定するページ番号には注意してください。空白ページを先頭に追加したいときは「0」、1 ページ目の後に追加したいときは「1」を指定します。最後に空白ページを追加したいときは、ページ番号を指定する必要はありません。

■■ ページを追加する

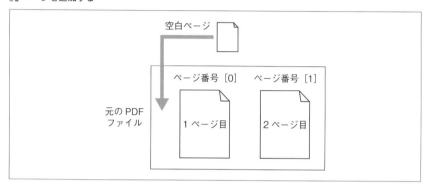

では、sample.pdf の 2 ページ目の前に空白のページを追加するコードを書いてみましょう。

①PDF ファイルを開く(open 関数)
②空白ページを追加する(new_page 関数)
③PDF ファイルを保存する(save 関数)
④PDF ファイルを閉じる(close 関数)

①PDF ファイルを開く

編集する PDF ファイル(sample.pdf)を開きます。

■■ PDF ファイルを開く

```
file = fitz.open('C:/Users/suzuki/chapter5/sample.pdf')
```

②空白ページを追加する

new_page 関数を使って、ページを追加します。2 ページ目の前に空白ページを追加する場合は、ページ番号に「1」を指定します。

■ 2 ページ目に空白ページを追加する

```
file.new_page(1)
```

③PDF ファイルを保存する

編集した PDF ファイルを「added.pdf」という名前で保存します。

■ PDF ファイルを保存する

```
file.save('C:/Users/suzuki/chapter5/added.pdf')
```

④PDF ファイルを閉じる

最後に、close 関数を使って PDF ファイルを閉じます。

■ PDF ファイルを閉じる

```
file.close()
```

実行結果は次のようになります。

■ added.pdf

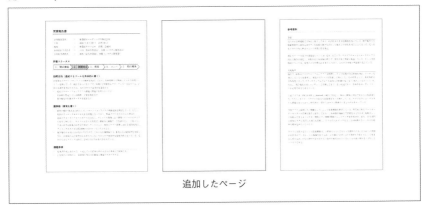

追加したページ

ページを削除する

ページを削除するときは、**delete_page**(デリートページ)関数を使います。引数には、削除するページ番号を指定します。指定するページ番号は1番ではなく0番から始まるので注意してください。

▪▪ ページを削除する

Document オブジェクト .delete_page (ページ番号)

ここでは、sample.pdf の1ページ目を削除するコードを書いてみます。作業の流れは次のとおりです。

①PDF ファイルを開く(open 関数)
②ページを削除する(delete_page 関数)
③PDF ファイルを保存する(save 関数)
④PDF ファイルを閉じる(close 関数)

①PDF ファイルを開く

編集する PDF ファイル(sample.pdf)を開きます。

▪▪ PDF ファイルを開く

```
file = fitz.open('C:/Users/suzuki/chapter5/sample.pdf')
```

②ページを削除する

delete_page 関数を使って、ページを削除します。今回は1ページ目を削除するので、引数に「0」を指定します。

■ 1ページ目を削除する

```
file.delete_page(0)
```

③PDF ファイルを保存する

編集した PDF ファイルを「deleted.pdf」という名前で保存します。

■ PDF ファイルを保存する

```
file.save('C:/Users/suzuki/chapter5/deleted.pdf')
```

④PDF ファイルを閉じる

最後に、close関数を使って PDF ファイルを閉じます。

■ PDF ファイルを閉じる

```
file.close()
```

実行結果は次のようになります。

■ deleted.pdf

> **! 注意**
> delete_page 関数の引数に無効なページ番号を入力すると、エラーメッセージ
> 「ValueError: bad page number(s)」が表示されます。

ページの情報を取得する

PDF ファイルのページからキーワード検索をしたり、テキストを抽出したりすることができます。ファイルの量が多いと、1 つずつ開いて検索するのは大変ですが、自動化してしまえばファイル名を書き換えるだけですばやくファイルの中身を調べることができます。

PDF ファイル内のページの中身にアクセスするにはまず、特定のページを表す **Page オブジェクト**というものを作成する必要があります。Page オブジェクトの作成方法は簡単で、Document オブジェクトの後に角カッコを付けて、その中にページ番号を指定するだけです。

■ Page オブジェクト

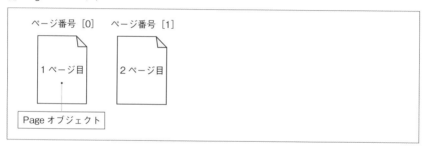

■ Page オブジェクトを作成する

変数 = Document オブジェクト [ページ番号]

例えば、sample.pdf の 1 ページ目の Page オブジェクトを作成するときは次のように書きます。引数で指定するページ番号は 0 番目からカウントすることに注意してください。

■ Page オブジェクトを作成する

```
file = fitz.open('C:/Users/suzuki/chapter5/sample.pdf')
page = file[0]
```

sample.pdf を開いて変数 file に入れたものを Document オブジェクトとし、1 ページ目を変数「page」に格納します。実行結果には何も表示されませ

んが、変数「page」には fitz ライブラリの「Page」(ページ)型のオブジェクト
が格納されます。以降、Page オブジェクトと呼びます。

> **⚠ 注 意**
>
> ページ番号は、「0」から始まる点に注意してください。存在しないページ番号を
> 指定すると、「IndexError: page not in document」というエラーが表示されま
> す。

　ここでもう 1 つ覚えておいてほしいのが、すべてのページに対する処理で
す。繰り返し処理を使って、PDF ファイル内にあるページを 1 つずつ処理し
ます。

▪▪ すべてのページに対して繰り返し処理する

```
for 変数 in Document オブジェクト：
    処理
```

　繰り返し処理でファイル内のすべてのページを処理の対象とする場合は、
Document オブジェクトの後に角カッコを付ける必要はありません。例えば、
ページを表す変数を「page」とすれば、すべてのページに対する繰り返し処理
は次のように書きます。

▪▪ すべてのページのページ番号を出力する

```
for page in file:
    print(page.number)
```

　上記を踏まえて、ページの情報を取得するためのコードの書き方を学習して
いきましょう。

ページ内を検索する

　PDF ファイル内を検索してページに含まれる情報を取得します。ここでは、
キーワード検索し、見つかったキーワードをハイライト表示する方法を紹介し
ます。

■ キーワード検索する

PDF ファイル内をキーワード検索するには、**search_for**(サーチフォー)関数を使います。引数には、キーワード文字列を指定します。

■ キーワード検索する

> **Page オブジェクト** .search_for(' キーワード文字列 ')

ここでは「sample.pdf」の 2 ページ目から、「アプリ」というキーワードを探してみます。流れは次のとおりです。

①PDF ファイルを開く(open 関数)
②Page オブジェクトを作成する
③キーワード検索する(search_for 関数)
④PDF ファイルを閉じる(close 関数)

①PDF ファイルを開く

検索対象の PDF ファイル(sample.pdf)を開きます。

■ PDF ファイルを開く

```
file = fitz.open('C:/Users/suzuki/chapter5/sample.pdf')
```

②Page オブジェクトを作成する

Document オブジェクトからページ番号を指定して変数「page」に格納します。これが Page オブジェクトとなります。今回は 2 ページ目を探すので、ページ番号には「1」を指定します。

■ 2 ページ目から Page オブジェクトを作成する

```
page = file[1]
```

③キーワード検索する

sample.pdf の 2 ページ目から「アプリ」というキーワードを探します。

■ 2ページ目からキーワードを探す

```
page.search_for('アプリ')
```

　検索してキーワードが見つかった場合、キーワードのある位置情報を取得できます。今回の実行結果は次のようになります。複数個所がヒットした場合、実行結果にはすべての位置情報が表示されます。

■ 実行結果は PDF ファイル上のキーワードの座標を表す

5

Python × PDF の自動化

```
page.search_for('アプリ')

[Rect(232.58399963378906, 296.50140380859375, 268.583984375, 309.72601318359375),
 Rect(237.22000122070312, 316.42138671875, 273.447998046875, 329.64599609375),
 Rect(66.50399780273438, 416.7613830566406, 102.50399780273438, 429.9859924316406),
 Rect(170.66400146484375, 436.9413757324219, 206.66400146484375, 450.1659851074219),
 Rect(420.8900146484375, 436.9413757324219, 456.8900146484375, 450.1659851074219),
 Rect(66.50399780273438, 497.181396484375, 102.50399780273438, 510.406005859375),
 Rect(42.50400161743164, 617.71142578125, 78.50399780273438, 630.93603515625)]
```

　「アプリ」というキーワードが見つかったら、
　その位置情報が表示される

参考資料

業績

売上高が2期連続で3%以上低下しており、経営層は大きな危機感を抱いている。競合他社との低価格競争に巻き込まれず、お客様の強みを活かして他社と差別化を図ることによって、売上高をプラス3%に伸ばすという事業目標を策定。

食品スーパー事業の外部環境については、近年、大手ドラッグストアやコンビニエンスストアの出店で競争が激化し、客数および客単価が伸びず、業界全体で業績が低迷している。さらに内部環境については、従業員の人件費が高止まりしており、これがお客様の利益を圧迫している。

実施施策

他社で、顧客向けのスマートフォン アプリ を開発し、そこで店舗の特売情報を発信、クーポンを発行しているのを参考に、類似する アプリ を開発して導入した。その効果として、来店客数が3%程度上昇した。チラシやウェブ広告よりも顧客との距離が近くなり、来店につながっている。ただし、競合他社と同じコンテンツで差別化できていない状況であり、革新的なコンテンツづくりが必要であると考えている。

上記 アプリ は、OS は iOS と Android の両方に対応し、幅広い顧客に対応できることを意図した。ただし、ネイティブ アプリ であるため開発コストが増大している。 アプリ のランニングコストも課題となっており、経営層の一部からはコスト削減すべきとの声があがっている。

今後 アプリ に追加したい機能として、レシピ提案機能を検討している。専門家であるフードコーディネーターや管理栄養士に協力してもらい、お客様が画面上で食材を入力すれば、複数のレシピを提示できるようにする。現時点で、5000 種類のレシピデータを作成済み。また、仕入部門と情報システム部門にも協力を依頼し、日々の仕入れデータを1日1回同期するバッチの仕組みも組み込みたいとのこと。

アプリ に実装予定のレシピ提案機能は、①顧客に入力してもらった食材のうち、2つ以上の食材が使用されているレシピの候補を絞り込み、②店舗が当日仕入れた食材が含まれるレシピをさらに絞り込み、③旬の食材や売り切りたい食材が使用されているレシピの表示順位を上げる、というものである。

実行結果にある「Rect」(レクト)というのは四角形を表す英単語「Rectangle」
(レクタングル)の略で、カッコ内の4つの数値は、四角形の左上と右下の位置
を示します。例えば「Rect(189, 93, 249, 105)」というのは、下図の座標を
示します。

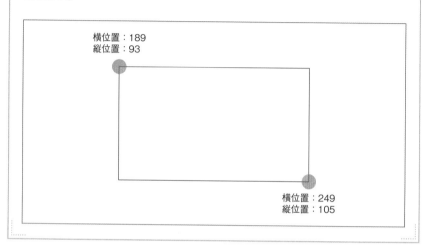

ページ全体の大きさを調べるには、Page オブジェクトの bound 関数を使います。
上記例で「page.bound()」を実行すると、「Rect(0.0, 0.0, 595.3200073242188,
841.9199829101562)」という結果が表示されます。これで、ページ全体の左
上の位置と、右下の位置を把握することができます。

④PDF ファイルを閉じる

最後に、close 関数を使って PDF ファイルを閉じます。

PDF ファイルを閉じる

```
file.close()
```

見つかったキーワードをハイライト表示する

search_for 関数で取得できる位置情報を使って、見つかったキーワード

にハイライト（背景を黄色で着色する）を入れてみましょう。ハイライトを入れるには **add_highlight_annot**（アド・ハイライト・アノテーション）という関数を使います。引数には、位置を示す Rect オブジェクトを指定します。

■ ハイライトを入れる

Page オブジェクト .add_highlight_annot**(Rect オブジェクト)**

> **memo**
>
> 位置情報を表す Rect オブジェクトには、search_for の実行結果を入れて使います。

実際にコードを書いていきましょう。手順は次のとおりです。

①PDF ファイルを開く（open 関数）
②Page オブジェクトを作成する
③キーワード検索する（search_for 関数）
④ハイライトを入れる（add_highlight_annot 関数）
⑤PDF ファイルを保存する（save 関数）
⑥PDF ファイルを閉じる（close 関数）

①PDF ファイルを開く

検索対象の PDF ファイル（sample.pdf）を開きます。

■ PDF ファイルを開く

```
file = fitz.open('C:/Users/suzuki/chapter5/sample.pdf')
```

②Page オブジェクトを作成する

Document オブジェクトからページ番号を指定して変数「page」に格納します。今回は 2 ページ目を指定するので、引数は「1」です。

■ 2 ページ目から Page オブジェクトを作成する

```
page = file[1]
```

③キーワード検索する

sample.pdf の 2 ページ目から「アプリ」というキーワードを探します。ヒットした箇所の位置情報は、「positions」という変数に格納します。

▪▪ 2 ページ目からキーワードを探す

```
positions = page.search_for('アプリ')
```

④ハイライトを入れる

add_highlight_annot 関数を使って、キーワードが見つかった位置にハイライトを入れます。

▪▪ 見つかったキーワードの位置にハイライトを入れる

```
page.add_highlight_annot(positions)
```

⑤PDF ファイルを保存する

編集した PDF ファイルを「highlighted.pdf」という名前で保存します。

▪▪ PDF ファイルを保存する

```
file.save('C:/Users/suzuki/chapter5/highlighted.pdf')
```

⑥PDF ファイルを閉じる

最後に、close 関数を使って PDF ファイルを閉じます。

▪▪ PDF ファイルを閉じる

```
file.close()
```

実行結果は次のようになります。保存した「highlighted.pdf」の 2 ページ目を確認してください。

:: highlighted.pdf

実施施策

他社で、顧客向けのスマートフォンアプリを開発し、そこで店舗の特典情報を発信、クーポンを
発行しているのを参考に、類似するアプリを開発して導入した。その効果として、来店客数が
3％程度上昇した。チラシやウェブ広告よりも顧客との距離が近くなり、来店につながっている。
ただし、競合他社と同じコンテンツで差別化できていない状況であり、革新的なコンテンツづく
りが必要であると考えている。

上記アプリは、OS は iOS と Android の両方に対応し、幅広い顧客に対応できることを意図し
た。ただし、ネイティブアプリであるため開発コストが増大している。アプリのランニングコス
トも課題となっており、経営層の一部からはコスト削減すべきとの声があがっている。

今後アプリに追加したい機能として、レシピ提案機能を検討している。専門家であるフードコー
ディネーターや管理栄養士に協力してもらい、お客様が画面上で食材を入力すれば、複数のレシ
ピを提示できるようにする。現時点で、5000 種類のレシピデータを作成済み。また、仕入部門
と情報システム部門にも協力を依頼し、日々の仕入れデータを1日1回同期するバッチの仕組
みも組み込みたいとのこと。

アプリに実装予定のレシピ提案機能は、①顧客に入力してもらった食材のうち、2つ以上の食材
が使用されているレシピの候補を絞り込み、②店舗が当日仕入れた食材が含まれるレシピをさ
らに絞り込み、③旬の食材や売り切りたい食材が使用されているレシピの表示順位を上げる、と
いうものである。

　ハイライトのほかにも、下線や波線などさまざまな強調表示ができるので試
してみてください。前述の④のコードにおいて、関数名を替えるだけで OK
です。

:: 強調表示の種類

表示方法	関数	表示例
ハイライト （黄色塗り）	add_highlight_annot （アド・ハイライト・アノテーション）	アプリの
下線	add_underline_annot （アド・アンダーライン・アノテーション）	アプリの
取り消し線	add_strikeout_annot （アド・ストライクアウト・アノテーション）	アプリの
波線	add_squiggly_annot （アド・スクイグリ・アノテーション）	アプリの

全ページを検索する

　これまでに紹介した関数を組み合わせて、PDF ファイル内のすべてのペー
ジをキーワード検索し、ヒットした箇所にハイライトを入れてみましょう。次
の流れでコードを書いていきます。

①PDF ファイルを開く（open 関数）
②キーワード検索・ハイライトをページごとに繰り返す
　・キーワード検索する（search_for 関数）

・ハイライトを入れる（add_highlight_annot 関数）

③PDF ファイルを保存する（save 関数）

④PDF ファイルを閉じる（close 関数）

①PDF ファイルを開く

検索対象の PDF ファイル（sample.pdf）を開きます。

■■ PDF ファイルを開く

```
file = fitz.open('C:/Users/suzuki/chapter5/sample.pdf')
```

②キーワード検索・ハイライトをページごとに繰り返す

for 文で繰り返し処理を書きます。ページごとにキーワード検索をして、ヒットした箇所を「positions」という変数に入れ、そこに add_highlight_annot 関数を使ってハイライトを入れます。

■■ すべてのページを検索し、見つかった位置にハイライトを入れる

```
for page in file:
    positions = page.search_for('アプリ')
    page.add_highlight_annot(positions)
```

memo

for 文を使うことで、Page オブジェクトには 1 ページ目の処理が終わったら 2 ページ目、というように先頭から順にページが格納されます。

③PDF ファイルを保存する

編集した PDF ファイルを「highlighted2.pdf」という名前で保存します。

■■ PDF ファイルを保存する

```
file.save('C:/Users/suzuki/chapter5/highlighted2.pdf')
```

④PDF ファイルを閉じる

最後に、close 関数を使って PDF ファイルを閉じます。

■ PDF ファイルを閉じる

```
file.close()
```

実行結果は次のようになります。1 ページ目、2 ページ目それぞれ「アプリ」の部分がハイライト表示されます。

■ highlighted2.pdf

テキストを取得する

ここでは、PDF ファイルからテキストを取得する方法を紹介します。ページから文字情報を抽出したり、取得した文字をテキストファイルとして保存したりできます。

テキストを取得する

ページ内のテキストを取得するには、**get_text**(ゲットテキスト)関数を使います。引数には、出力するファイルのフォーマットを指定します。フォーマットに何も指定しない場合は、自動的にテキスト形式で出力されます。

■ PDF ファイルからテキストを取得する

Page オブジェクト .get_text(' フォーマット ')

get_text 関数のフォーマット一覧

フォーマット	引数に指定する文字
テキスト	text
HTML	html
XML	xml
JSON	json

　では、sample.pdf を題材に実践してみましょう。今回は 2 ページ目のテキストを取得し、それを print 関数で表示します。

①PDF ファイルを開く(open 関数)
②Page オブジェクトを作成する
③テキストを取得する(get_text 関数)
④テキストを表示する(print 関数)
⑤PDF ファイルを閉じる(close 関数)

①PDF ファイルを開く

　取得元の PDF ファイル(sample.pdf)を開きます。

PDF ファイルを開く

```
file = fitz.open('C:/Users/suzuki/chapter5/sample.pdf')
```

②Page オブジェクトを作成する

　ファイルの 2 ページ目のテキストを取得するので、引数は「1」です。

2 ページ目から Page オブジェクトを作成する

```
page = file[1]
```

③テキストを取得する

　get_text 関数を使って sample.pdf の 2 ページ目のテキストを取得し、「text」という変数に格納します。

■■ 2ページ目からテキストを取得する

```
text = page.get_text()
```

④テキストを表示する

print 関数を使って、変数「text」に入っている文字を表示します。

■■ 取得したテキストを表示する

```
print(text)
```

実行結果は、以下のようになります。テキストが取得できていることがわか
ります。

■■ 2ページ目のテキストを表示

```
print(text)

参考資料

業績
売上高が2期連続で3%以上低下しており、経営層は大きな危機感を抱いている。競合他社との
低価格競争に巻き込まれず、お客様の強みを活かして他社と差別化を図ることによって、売上高
をプラス3%に伸ばすという事業目標を策定。

食品スーパー事業の外部環境については、近年、大手ドラッグストアやコンビニエンスストアの
出店で競争が激化し、客数および客単価が伸びず、業界全体で業績が低迷している。さらに内部
環境については、従業員の人件費が高止まりしており、これがお客様の利益を圧迫している。

実施施策
他社で、顧客向けのスマートフォンアプリを開発し、そこで店舗の特売情報を発信、クーポンを
発行しているのを参考に、類似するアプリを開発して導入した。その効果として、来店客数が
3%程度上昇した。チラシやウェブ広告よりも顧客との距離が近くなり、来店につながっている。
ただし、競合他社と同じコンテンツで差別化できていない状況であり、革新的なコンテンツづく
りが必要であると考えている。

上記アプリは、OS は iOS と Android の両方に対応し、幅広い顧客に対応できることを意図し
た。ただし、ネイティブアプリであるため開発コストが増大している。アプリのランニングコス
トも課題となっており、経営層の一部からはコスト削減すべきとの声があがっている。

今後アプリに追加したい機能として、レシピ提案機能を検討している。専門家であるフードコー
ディネーターや管理栄養士に協力してもらい、お客様が画面上で食材を入力すれば、複数のレシ
ピを提示できるようにする。現時点で、5000 種類のレシピデータを作成済み。また、仕入部門
と情報システム部門にも協力を依頼し、日々の仕入れデータを1日1回同期するバッチの仕組
みも組み込みたいとのこと。

アプリに実装予定のレシピ提案機能は、a顧客に入力してもらった食材のうち、2 つ以上の食材
が使用されているレシピの候補を絞り込み、b店舗が当日仕入れた食材が含まれるレシピをさ
らに絞り込み、c旬の食材や売り切りたい食材が使用されているレシピの表示順位を上げる、と
いうものである。
```

⑤PDFファイルを閉じる

最後に、close 関数を使って PDF ファイルを閉じます。

■■ テキストファイルを閉じる

```
file.close()
```

テキストファイルに書き込む

取得したテキストをファイルに書き込んで保存できると、後で再利用するのが楽になるので、書き方をぜひ覚えておきましょう。ここでは、「output.txt」という空のテキストファイルを作成し、そこに取得したテキストを書き込んで保存します。

①テキストファイルを作成する(open 関数)
②書き込むテキストを取得する
③テキストを書き込む(write 関数)
④テキストファイルを閉じる(close 関数)

①テキストファイルを作成する

テキストファイルを作成するには、open 関数を使います。引数には、ファイルパスと、後述するモードと、文字コードを指定します。コードを実行すると、変数にはファイルオブジェクトが格納されます。

■ テキストファイルを作成する

```
open(' ファイルパス ', ' モード ', encoding = ' 文字コード ')
```

> **memo**
>
> 上記で使用した open 関数は、ライブラリ名を指定しなくても使える関数です。このような関数を、組み込み関数といいます。

2つ目の引数で指定できるモードについては、下表に示します。テキストファイルにテキストを書き込む場合は「w」を指定します。

■ モード

モード	引数に書く文字
テキスト読み込み	r
テキスト書き込み	w
バイナリー読み込み	rb
バイナリー書き込み	wb

> memo
>
> バイナリーとは、データを2進数(0と1)で表現したものです。画像や動画な
> どのデータを読み込んだり書き込んだりするときには、モードを指定するとき
> に、バイナリーを示す「b」を付加する必要があります。

　以下は、「output.txt」というファイルを作成し、それを「output」という変
数に格納するコードです。変数は、手順③でテキストを書き込む際に指定す
る「ファイルオブジェクト」になります。

■ テキストファイルを作成する

```
output = open('C:/Users/suzuki/chapter5/output.txt', 'w' ,
encoding = 'UTF-8')
```

②書き込むテキストを取得する

　作成した「output.txt」に文字を書き込みます。今回はわかりやすいように、
「text」という変数に直接書き込みたい文字列を設定します。

■ 書き込むテキストを取得する

```
text - '書き込むテキスト'
```

③テキストを書き込む

　テキストファイルにテキストを書き込むには、**write**(ライト)関数を使いま
す。引数には、書き込む文字列を指定します。

■ テキストを書き込む

ファイルオブジェクト .write(' 文字列 ')

　以下は、前述のコードで作成したファイルオブジェクト「output」を使っ
て、テキストを書き込むコードです。実行すると書き込んだ文字数が表示され
ます。

■ テキストを書き込む

```
output.write(text)
```

④テキストファイルを閉じる

最後に、**close**（クローズ）関数を使いテキストファイルを閉じます。引数は不要です。

テキストファイルを閉じる

```
ファイルオブジェクト .close()
```

前述の「output」を使ってファイルを閉じるときは、以下のように書きます。

テキストファイルを閉じる

```
output.close()
```

■ 全ページのテキストをファイルに保存する

ここまで、テキストを取得し、それをテキストファイルに書き込む方法を学習してきました。これらの知識を組み合わせれば、PDFファイル内の全ページのテキストを、1つのテキストファイルに保存することができます。今回は「sample.pdf」から取得した文字情報を「output2.txt」に転記して保存します。以下の順でコードを書いていきます。

①PDFファイルを開く（open関数）
②テキストファイルを作成する（open関数）
③テキストの取得・書き込みをページごとに繰り返す
　・テキストを取得する（get_text関数）
　・テキストを書き込む（write関数）
④テキストファイルを閉じる（close関数）
⑤PDFファイルを閉じる（close関数）

①PDFファイルを開く

はじめに、取得元のPDFファイル（sample.pdf）を開きます。

PDFファイルを開く

```
file = fitz.open('C:/Users/suzuki/chapter5/sample.pdf')
```

②テキストファイルを作成する

open 関数を使って、「output2.txt」というファイル名のテキストファイルを作成します。引数の 2 つ目に、書き込むモード「w」を指定します。

テキストファイルを作成する

```
output = open('C:/Users/suzuki/chapter5/output2.txt', 'w' ,
encoding = 'UTF-8')
```

③テキストの取得・書き込みをページごとに繰り返す

繰り返し処理を書きます。get_text 関数を使ってページごとにテキストを取得して、「text」という変数に入れます。それを write 関数でテキストファイルに書き込みます。

各ページの文字情報を取得してテキストファイルに書き込む

```
for page in file:
    text = page.get_text()
    output.write(text)
```

④テキストファイルを閉じる

close 関数を使って、テキストファイル「output2.txt」を閉じます。

テキストファイルを閉じる

```
output.close()
```

⑤PDF ファイルを閉じる

最後に、close 関数を使って PDF ファイルを閉じます。

PDF ファイルを閉じる

```
file.close()
```

以上のコードを実行すると、テキストファイルが出力されて、結果は以下のようになります。

output2.txt

```
営業報告書

お客様企業名
：
秋葉原ホールディングス株式会社
日時
：
2021 年 8 月 20 日 13 時 30 分
場所
：
秋葉原テクノビル 13 階 会議室
お客様担当者氏名
：
山田（食品事業部長）、高橋（システム開発部長）
自社担当者氏名
：
鈴木（法人営業部）、加藤（システム開発部）

折衝ステータス


訪問目的（達成するゴールを具体的に書く）
お客様はスマートフォンアプリの刷新を検討しており、企画段階から参画してくれる開発パー
トナーを探している。競合 3 社に声をかけて、体制や予算感をヒアリングしているとのこと。自
社が本案件を受注するため、本打合せで下記事項を達成する。
：
現状のスマートフォンアプリの課題・問題点を明らかにする

お客様が想定している納期、予算を聞き出す

競合他社の折衝ステータスを聞き出す

議事録（事実を書く）

顧客の維持・拡大を目的として、スマートフォンアプリの機能追加を検討している。ただし、
現状のランニングコストが大きな問題となっており、Web アプリ化することも検討中。

従来のウォーターフォールモデルではなく、アジャイル開発により開発・リリースのサイク
ルを早く回したい。サイクルは 3 ヶ月程度で、継続的に機能アップを図りたい。予算につい
ては自社含め提案内容を見て検討したいとのこと。現状のアプリ開発には約 2 億円を投じ、
ランニングコストは年間 3000 万円かかっているとのこと。

競合他社の A 社には声をかけただけで、これから折衝開始する。B 社からは提案書を受領し
たが、お客様からの要望が伝えきれていないためにやや抽象的な提案内容になっている。C
社からはヒアリング目的で、2 回目の打合せを打診されている。
```

44 行、42 列　　　　100%　　Windows (CRLF)　　UTF-8

ページを編集する

PDF ファイルの各ページを編集する作業は面倒です。PDF の編集ソフトを購入して編集するケースもあれば、PDF ファイルを紙に印刷して手書きで書き込んだあと再度スキャナーで取り込んで PDF ファイルを作成しているケースもあります。Python を使えば編集ソフトなしでも手軽に編集できるようになります。

画像を追加する

　PDF ファイルのページと位置を指定して、画像を追加します。ここでは、sample.pdf の 2 ページ目の右上の位置に、次の画像を追加します。

■■ 追加する画像

　ページに画像を追加するには、Page オブジェクトの **insert_image**(インサートイメージ)関数を使います。引数には、画像を追加する位置と、読み込んだ画像ファイルを指定します。

■■ 画像を追加する

> **Page オブジェクト . insert_image(** 位置 **,**
> **stream= 読み込んだ画像ファイル)**

　引数の 1 つ目の位置を設定するには、前節で紹介した Rect オブジェクトを使います。引数には、次の図に示した 4 つの数値を指定します。

■: ページ内の位置

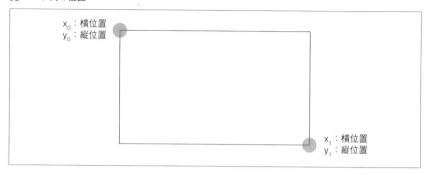

x_0：横位置
y_0：縦位置

x_1：横位置
y_1：縦位置

■: ページ内の位置を指定する

```
fitz.Rect(x0, y0, x1, y1)
```

　次に、引数の2つ目の画像ファイルを指定するには、以下の2つの手順が必要です。

1．画像ファイルを開く
2．画像ファイルを読み込む

　画像ファイルを開くには、**open**関数を使います。引数に指定するモードは、バイナリー読み込みを表す「rb」を指定します。コードを実行すると、変数はファイルオブジェクトとなります。

■: 画像ファイルを開く

```
open(' 画像ファイルパス ', 'rb')
```

　ただし、今回は画像ファイルを開いただけではダメで、画像ファイルを読み込む作業も必要です。そこで使うのが、ファイルオブジェクトの**read**（リード）関数です。引数には何も指定しません。

■: 画像ファイルを読み込む

```
ファイルオブジェクト .read()
```

　上記を踏まえて、以下の順にコードを書いていきます。sample.pdfの2ページ目の右上に画像を追加し、ハンコを押したような見た目にします。

①PDFファイルを開き、Pageオブジェクトを作成する（open関数）
②画像ファイルを開く（open関数）
③位置を設定する
④画像を追加する（insert_image関数）
⑤PDFファイルを保存して閉じる（close関数）

①PDFファイルを開き、Pageオブジェクトを作成する

　PDFファイルの2ページ目に画像を追加するので、ページ番号には「1」を指定します。

■ PDFファイルを開いてPageオブジェクトを作成する

```
file = fitz.open('C:/Users/suzuki/chapter5/sample.pdf')
page = file[1]
```

memo

fitzライブラリがインポートされていない場合は、p.180を参考にインポートしてください。

②画像ファイルを開く

　「image.png」という画像ファイルを開きます。モードは、バイナリー読み込みを示す「rb」を指定します。コードを実行すると、変数「image」はファイルオブジェクトになります。

■ 画像ファイルを開く

```
image = open('C:/Users/suzuki/chapter5/image.png', 'rb')
```

③位置を設定する

　画像を追加する位置を設定します。Rectオブジェクトの引数に、位置を示す4つの数値を指定します。位置のデータは、「position」という変数に格納します。

■ 画像を追加する位置を設定する

```
position = fitz.Rect(500, 20, 600, 70)
```

Page オブジェクトの bound 関数を使えば、ページ全体の大きさを調べること
ができます。全体の大きさを把握できれば、画像ファイルを配置する位置を指
定しやすくなります。

④画像を追加する

insert_image 関数で画像を追加します。引数の１つ目には、③で作成し
た「position」を指定します。また、引数の２つ目には、画像ファイルを
read 関数で読み込んだ結果を指定します。

■■ 画像を追加する

```
page.insert_image(position, stream=image.read())
```

⑤PDF ファイルを保存して閉じる

最後に、「image.pdf」というファイル名で保存して、ファイルを閉じます。

■■ PDF ファイルを保存して閉じる

```
file.save('C:/Users/suzuki/chapter5/image.pdf')
file.close()
```

実行結果は次図のようになり、右上に画像が追加されます。保存した
「image.pdf」を開いて確認しましょう。

■■ image.pdf

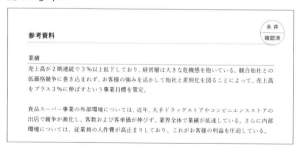

スタンプを挿入する

fitz ライブラリにはあらかじめスタンプが用意されていて、それを画像のよ
うに PDF に挿入することができます。スタンプを挿入するときは、**add_**

stamp_annot（アド・スタンプ・アノテーション）関数を使います。引数の 1 つ目には、スタンプを入れる位置を Rect オブジェクトで指定します。引数の 2 つ目には、スタンプ番号を指定します。

▪▪ スタンプを挿入する

```
Page オブジェクト .add_stamp_annot(
位置 , stamp= スタンプ番号
)
```

　指定できるスタンプの種類は次表のとおりです。英語のみで、日本語のスタンプはありません。

▪▪ スタンプの種類

スタンプ番号	スタンプ文字（意味）	表示例
0	Approved （承認済）	APPROVED
1	As Is （現時点）	AS IS
2	Confidential （機密）	CONFIDENTIAL
3	Departmental （部門用）	DEPARTMENTAL
4	Experimental （実験用・試験用）	EXPERIMENTAL
5	Expired （期限切れ）	EXPIRED
6	Final （完成版）	FINAL
7	For Comment （コメント用）	FOR COMMENT
8	For Public Release （公開用）	FOR PUBLIC RELEASE
9	Not Approved （不承認）	NOT APPROVED
10	Not For PublicRelease （非公開）	NOT FOR PUBLIC RELEASE
11	Sold （売り切れ）	SOLD
12	Top Secret （最高機密・極秘）	TOP SECRET
13	Draft （草案・ドラフト版）	DRAFT

5

Python × PDF の自動化

225

では、sample.pdf の 2 ページ目に「APPROVED」（承認済み）のスタンプを追加するコードを書いてみましょう。手順は次のとおりです。

①PDF ファイルを開いて Page オブジェクトを作成する（open 関数）
②位置を設定する
③スタンプを挿入する（add_stamp_annot 関数）
④PDF ファイルを保存して閉じる（close 関数）

①PDF ファイルを開き、Page オブジェクトを作成する

　sample.pdf を開いて変数「file」に格納し、Page オブジェクトを作成します。今回は PDF ファイルの 2 ページ目にスタンプを入れるので、ページ番号には「1」を指定します。

▪▪ PDF ファイルを開いて Page オブジェクトを作成する

```
file = fitz.open('C:/Users/suzuki/chapter5/sample.pdf')
page = file[1]
```

②位置を設定する

　Rect オブジェクトを使ってスタンプを追加する位置を指定します。位置の情報は、「position」という変数に格納します。

▪▪ スタンプを追加する位置を設定する

```
position = fitz.Rect(450, 5, 590, 50)
```

> **memo**
>
> スタンプが挿入される位置は PC 環境によって変わる可能性があるので、位置は適宜修正してください。

③スタンプを挿入する

　add_stamp_annot 関数で、スタンプを挿入します。引数の 1 つ目には、先ほど作成した position を指定します。2 つ目には、スタンプ番号を指定します。ここではスタンプ番号 0 番（p.225）の「APPROVED」を指定しています。

■■ 指定の位置にスタンプを挿入する

```
page.add_stamp_annot(position, stamp=0)
```

④PDF ファイルを保存して閉じる

「stamped.pdf」というファイル名で保存して、ファイルを閉じます。

■■ PDF ファイルを保存して閉じる

```
file.save('C:/Users/suzuki/chapter5/stamped.pdf')
file.close()
```

> **!注意**
>
> 位置の指定に誤りがある場合は、「RuntimeError: rect must be finite and not empty」というエラーが表示されます。例えば「position = fitz.Rect(500, 5, 350, 50)」というコードは、引数の1つ目と3つ目の値の大小関係が間違っているので、エラーになります。また、作成した PDF ファイルを開いた状態で再度コードを実行すると、「RuntimeError: cannot remove file 'C:/Users/suzuki/chapter5/stamped.pdf': Permission denied」というエラーが表示されます。

　実行結果は次のようになります。2ページ目の右上に「APPROVED」のスタンプが挿入されます。

■■ stamped.pdf

テキストを書き込む

　PDF ファイルのページを指定してテキストを書き込むときは、Page オブジェクトの **insert_textbox**(インサート・テキストボックス)関数を使います。

ページの端に作成者や日付などの情報を追加したり、文書全体に透かしを入れたりできます。

■ 透かしが入った PDF ファイル

insert_textbox 関数では、追加するテキストの情報を引数で指定します。テキストの内容や文字サイズ、色、フォントなどを設定できます。

■ テキストを追加する

```
Page オブジェクト .insert_textbox(
    位置 ,
    テキスト ,
    fontsize = フォントサイズ ,
    fontname = ' フォント名 ',
    color = (R 値 ,G 値 ,B 値 ),
    fill_opacity = 透過性 ,
    rotate = 回転角度
    )
```

memo

テキストを追加するための関数として、insert_text(インサートテキスト)という関数もあります。使い方は insert_textbox 関数と酷似していますが、1 点違

うのが位置の指定の仕方です。Rect オブジェクト（引数に、始点と終点を示す4つの値を指定する）の代わりに、Point オブジェクト（引数に、始点を示す2つの値を指定する）というものを使います。

`insert_textbox` 関数の引数を次表にまとめました。指定できる項目は多いですが、すべてを指定する必要はありません。次表の「必須」列が「○」となっている項目は必ず指定するようにしてください。

insert_textbox の指定項目

引数名	必須	値
位置	○	Rect オブジェクト。
テキスト	○	書き込むテキスト。
fontsize		フォントサイズ。
fontname	○	フォント名。固定値「japan」を指定する。これを指定しないと、日本語が文字化けしてしまう。
color		色を示す RGB の3つの数値（R値、G値、B値の3つ）。それぞれ0〜1の値を指定する。通常 RGB の値は、0〜255 の値で表現されるため、値を 255 で割る。
fill_opacity		文字の透過性。0（透過）〜1（不透過）の値を指定する。
rotate		回転角度。残念ながら、0、90、180、270 の4つの値しか指定できない。45 などの数値を指定すると、エラー「ValueError: rotate must be multiple of 90」が表示される。

ページの端に情報を追加する

sample.pdf の2ページ目の右上に、文書の更新日と作成者を追加します。手順は次のとおりです。

①PDF ファイルを開き、Page オブジェクトを作成する（open 関数）
②位置を設定する
③書き込むテキストを設定する
④テキストを書き込む（insert_textbox 関数）
⑤PDF ファイルを保存して閉じる（close 関数）

①PDF ファイルを開き、Page オブジェクトを作成する

sample.pdf を開いて変数「file」に格納し、Page オブジェクトを作成しま

5

Python × PDF の自動化

す。今回は PDF ファイルの 2 ページ目にテキストを書き込むので、ページ番号には「1」を指定します。

■■ PDF ファイルを開いて Page オブジェクトを作成する

```
file = fitz.open('C:/Users/suzuki/chapter5/sample.pdf')
page = file[1]
```

②位置を設定する

Rect オブジェクトを使ってテキストを追加する位置を指定します。ページ上の位置情報は変数「position」に格納します。

■■ テキストを追加する位置を設定する

```
position = fitz.Rect(420, 10, 570, 70)
```

③書き込むテキストを設定する

Chapter1 で学習した datetime ライブラリ(p.40)を使って、日付を含む文字列を作ります。strftime 関数(p.41)で日付の表示形式を変更します。できあがった文字列は、「text」という変数に格納します。

ここでは日時を「YYYY 年 MM 月 DD 日」の形で取得し、後ろに「編集部」という文字列を加えます。

■■ 作成日時と作成者の情報を取得する

```
import datetime
now = datetime.datetime.now()
text = now.strftime('%Y年%m月%d日') + ' 編集部'
```

④テキストを書き込む

insert_textbox 関数を使って③で設定したテキストを書き込みます。引数の 1 つ目に位置、2 つ目にテキストを指定します。3 つ目には、フォントサイズとして「10」を指定します。4 つ目には、フォント名「japan」を指定します。

■■ テキストをページに追加する

```
page.insert_textbox(
position,
text,
fontsize = 10,
fontname = 'japan'
)
```

> **！注意**
>
> 引数のフォント名「fontname='japan'」を指定しないと、PDF に書き込まれた
> テキストの日本語の部分が「2021?05?28? ???」のように文字化けして表示さ
> れてしまいます。

⑤ PDF ファイルを保存して閉じる

最後に、「watermark.pdf」というファイル名で保存してファイルを閉じま
す。

■■ PDF ファイルを保存して閉じる

```
file.save('C:/Users/suzuki/chapter5/watermark.pdf')
file.close()
```

実行すると、次のようにページ右上に更新日と作成者を示すテキストが表示
されます。

■■ watermark.pdf

```
                                              2021年09月01日　編集部

参考資料

業績
売上高が2期連続で3%以上低下しており、経営層は大きな危機感を抱いている。競合他社との
低価格競争に巻き込まれず、お客様の強みを活かして他社と差別化を図ることによって、売上高
をプラス3%に伸ばすという事業目標を策定。

食品スーパー事業の外部環境については、近年、大手ドラッグストアやコンビニエンスストアの
出店で競争が激化し、客数および客単価が伸びず、業界全体で業績が低迷している。さらに内部
環境については、従業員の人件費が高止まりしており、これがお客様の利益を圧迫している。
```

■ PDF ページに透かしを入れる

テキストを書き込むもう一つの題材として、sample.pdf に透かしを入れて
みましょう。以下の流れでコードを作成します。

①PDF ファイルを開く(open 関数)
②位置を設定する
③書き込むテキストを設定する
④テキストの書き込みをページごとに繰り返す
　・テキストを書き込む(insert_textbox 関数)
⑤PDF ファイルを保存して閉じる(close 関数)

①PDF ファイルを開く

PDF ファイルを開いて Page オブジェクトを作成する

```
file = fitz.open('C:/Users/suzuki/chapter5/sample.pdf')
```

②位置を設定する

透かしがページの中央に来るよう、Rect オブジェクトを使って位置を設定
します。位置情報は変数「position」に格納します。

テキストを追加する位置を設定する

```
position = fitz.Rect(200, 300, 500, 600)
```

③書き込むテキストを設定する

ここでは「社外秘」というテキストを設定します。

書き込むテキストを設定する

```
text = '社外秘'
```

④テキストの書き込みをページごとに繰り返す

すべてのページにテキストを書き込むので、繰り返し処理を使います。文字
色を緑色にするため、insert_textbox 関数の引数に color を設定します。
RGB の値は「92, 192, 92」とします。それぞれの値を 255 で割って、それぞ

れの値を 0 〜 1 の値に収める必要があります。

また、透過性を示す「fill_opacity」を引数に指定します。

■: すべてのページに透かしを入れる

```
for page in file:
    page.insert_textbox(
    position,
    text,
    fontsize = 60,
    fontname = 'japan',
    color = (92/255, 192/255, 92/255),
    fill_opacity = 0.5
    )
```

文字色を指定する際は
RGBの数値を255で割る

memo

fill_opacity の引数は、値が 0 に近いほど透過します。

⑤ PDF ファイルを保存して閉じる

最後に、「watermark2.pdf」というファイル名で保存してファイルを閉じます。

■: PDF ファイルを保存して閉じる

```
file.save('C:/Users/suzuki/chapter5/watermark2.pdf')
file.close()
```

実行すると、すべてのページに次図のような透かしが表示されます。

営業報告書

お客様企業名	：	秋葉原ホールディングス株式会社
日時	：	2021 年 8 月 20 日　13 時 30 分
場所	：	秋葉原テクノビル　13 階　会議室
お客様担当者氏名	：	山田（食品事業部長）、高橋（システム開発部長）
自社担当者氏名	：	鈴木（法人営業部）、加藤（システム開発部）

折衝ステータス

1．関係構築 〉 **2．課題抽出** 〉 3．提案 〉 4．コンペ 〉 5．契約獲得

訪問目的（達成するゴールを具体的に書く）

お客様はスマートフォンアプリの刷新を検討しており、企画段階から参画してくれる開発パートナーを探している。競合3社に声をかけて、体制や予算感をヒアリングしているとのこと。自社が本案件を受注するため、本打合せで下記事項を達成する。

- 現状のスマートフォンアプリの課題・問題点を明らかにする
- お客様が想定している納期、予算を聞き出す
- 競合他社の折衝ステータスを聞き出す

議事録（事実を書く）

- 顧客の維持・拡大を目的として、スマ……
  現状のランニングコストが大きな問題……
- 従来のウォーターフォールモデルで……
  ルを早く回したい。サイクルは3ヶ月……
  ては自社含め提案内容を見て検討し……
  ランニングコストは年間 3000 万円……
- 競合他社の A 社には声をかけただけ……
  たが、お客様からの変更が伝えきれ……
  社からはヒアリング目的で、2 回目の……

課題事項

- 提案書作成に着手する。不足してい……
- 自社役員の川村から、常務執行役員……

参考資料

業績

売上高が 2 期連続で 3％以上低下しており、経営層は大きな危機感を抱いている。競合他社との低価格競争に巻き込まれず、お客様の強みを活かして他社と差別化を図ることによって、売上高をプラス 3％に伸ばすという事業目標を策定。

食品スーパー事業の外部環境については、近年、大手ドラッグストアやコンビニエンスストアの出店で競争が激化し、客数および客単価が伸びず、業界全体で業績が低迷している。さらに内部環境については、従業員の人件費が高止まりしており、これがお客様の利益を圧迫している。

実施施策

他社で、顧客向けのスマートフォンアプリを開発し、そこで店舗の特売情報を発信、クーポンを発行しているのを参考に、類似するアプリを開発して導入した。その効果として、来店客数が 3％程度上昇した。チラシやウェブ広告よりも顧客との距離が近くなり、来店につながっている。ただし、競合他社と同じコンテンツで差別化できていない状況であり、革新的なコンテンツづくりが必要であると考えている。

上記アプリは、OS は iOS と Android の両方に対応し、幅広い顧客に対応できることを意図した。ただし、ネイティブアプリであるため開発コストが増大している。アプリのランニングコストも課題となっており、経営層の一部からはコスト削減すべきとの声があがっている。

今後アプリに追加したい機能として、レシピ提案機能を検討している。専門家であるフードコーディネーターや管理栄養士に協力してもらい、お客様が画面上で食材を入力すれば、複数のレシピを提案できるようにする。現時点で、5000 種類のレシピデータを作成済み。また、仕入部門と情報システム部門にも協力を依頼し、日々の仕入れデータを 1 日 1 回同期するバッチの仕組みも組み込みたいとのこと。

アプリに実装予定のレシピ提案機能は、①顧客に入力してもらった食材のうち、2 つ以上の食材が使用されているレシピの候補を絞り込み、②店舗が当日仕入れた食材が含まれるレシピをさらに絞り込み、③旬の食材や売り切りたい食材が使用されているレシピの表示順位を上げる、というものである。

234

Python ×メールの自動化

人事査定の結果を全社員に1人ずつメール
送信するなど、同じようなメールを何度も送
信する業務は、手作業だと大変な労力がかか
ります。Pythonを使えばメール送信を自動
化できるので、本章でやり方を習得して活用
してみましょう。

メールを送信する

メールを送受信する仕組みがわかると、コードを書く際に意味を理解しやすく
なり、スムーズにプログラミングを進められます。本節ではメールサーバーに
ついて簡単に学び、それから Python 上でメールを作成・送信してみましょう。

メールを送受信する仕組み

　私たちが手紙を送るとき、手紙をポストに投函します。投函した手紙は、ポ
ストの近くの郵便局に収集されます。その後、宛先の近くの郵便局まで配送さ
れ、最終的に宛先に届けられます。メールについても仕組みは同じです。送信
者がメールを送信すると、メッセージは「メール送信サーバー」というところ
に届けられます。そこから「メール受信サーバー」というところに配送され、
最終的にメールが受信者に届けられます。メール送信サーバーは、多くの人か
ら届いたメールを収集して保管し、各地にあるメール受信サーバーに振り分け
て配送する機能をもっています。

■ メールはサーバーを介して送受信される

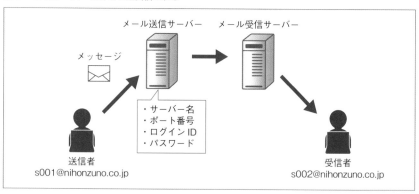

　メールの送信を Python で行うには、あなたが使っているメール送信サー
バーにログインする必要があります。ログインするときに必要な情報は、基本
的に次の4つです。

・サーバー名
・ポート番号

・ログイン ID
・パスワード

　これらの情報は、メールサービス(Gmail、Outlook など)やその利用者によって設定すべき値が異なりますので、あなたが使っているメールサービスが提供している情報を調べて、その値を使ってください。次の表は、Gmail の場合の設定例です。

メール送信サーバー(左)とメール受信サーバー(右)

設定項目	値
サーバー名	smtp.gmail.com
ポート番号	465
ログイン ID	あなたのメールアドレス
パスワード	あなたのパスワード

設定項目	値
サーバー名	pop.gmail.com
ポート番号	995
ログイン ID	あなたのメールアドレス
パスワード	あなたのパスワード

注意

ログイン情報は、あなたが使っているメールサービスの管理画面や FAQ などで調べてください。メールサービスによっては、Python からのログインを禁止しているものもあるので注意してください。

メール送信サーバーに接続・ログインする

　Python でメールを送るため、メール送信サーバーへの接続とログインを行います。はじめにサーバー名とポート番号を指定して接続し、それから自分のメールアカウントのログイン ID とパスワードを使ってログインします。ここでは Gmail を例に進めていきます。

メール送信サーバーに接続する

　メール送信サーバーに接続するためには「**smtplib**」(エスエムティーピーリブ)というライブラリを使います。まず、ライブラリをインポートします。

smtplib ライブラリをインポートする

```
import smtplib
```

つづいて、メール送信サーバーに接続します。smtplib ライブラリの **SMTP_SSL**（エスエムティーピーエスエスエル）関数を使います。引数には、サーバー名とポート番号を指定します。接続すると、サーバーとのやり取りをするためのオブジェクトが生成されます。これを「**接続オブジェクト**」と呼びます。

■: メール送信サーバーに接続する

```
接続オブジェクト = smtplib.SMTP_SSL(
' サーバー名 ', ポート番号
)
```

では、実際のコードです。接続オブジェクトを格納するための「server」という変数を用意します。下記のコードでは例として、サーバー名に「smtp. gmail.com」、ポート番号に「465」という値を設定しています。Gmail 以外のメールサービスを使っている場合は、あなたが使っているメールサービスの情報を確認して値を書き換えてください。

■: メール送信サーバーに接続する

```
server = smtplib.SMTP_SSL('smtp.gmail.com', 465)
```

---

memo

正常に接続できた場合は何も表示されません。接続できない場合は「[Errno 11001] getaddrinfo failed」または「[WinError 10060] 接続済みの呼び出し先が一定の時間を過ぎても正しく応答しなかったため、接続できませんでした。または接続済みのホストが応答しなかったため、確立された接続は失敗しました。」といったエラーメッセージが表示されます。サーバー名、ポート番号に間違いがないかをチェックしてください。

■ メール送信サーバーにログインする

つづいて、メール送信サーバーにログインします。接続オブジェクトの **login**（ログイン）関数を使います。引数には、ログイン ID とパスワードを指定します。

■■ メール送信サーバーにログインする

> ## 接続オブジェクト .login(' ログイン ID', ' パスワード ')

例えば、以下のようにコードを書きます。「your-account@gmail.com」
と「password」の値は、あなたが使っているアカウントの情報を確認して書
き換えてください。

■■ メール送信サーバーにログインする

```
server.login('your-account@gmail.com', 'password')
```

接続に成功すると「(235, b'2.7.0 Accepted')」といった文字が表示さ
れますが、ここで「SMTPAuthenticationError」というエラーメッセージ
が表示されることがあります。Gmail には「安全性の低いアプリのアクセス」
という設定項目があり、初期状態では「無効」に設定されているため、Python
からのアクセスがブロックされるのです。これは不正なアクセスを防ぐための
正しい設定なのですが、Python からのアクセスを一時的に許可するように設
定を変更すれば、エラーを回避できます。

> ⚠ 注 意
>
> 「安全性の低いアプリのアクセス」の設定を変えると、あなたの Gmail アカウン
> トに不正アクセスされるリスクが高くなります。設定の変更は、ご自身の責任
> において行ってください。また、アクセスを許可する時間は極力短くすること
> を推奨します。

Google アカウントの管理画面(https://myaccount.google.com)にて、メ
ニューから[セキュリティ]をクリックします。[安全性の低いアプリのアクセ
ス]という設定項目に移動し、[アクセスを有効にする(非推奨)]をクリックし
ます。

> ⚠ 注 意
>
> Google アカウントの 2 段階認証を有効にしている場合は、login 関数の 2 番目
> の引数に、Google アカウントのパスワードの代わりにアプリパスワード(16
> 桁)を使用してログインできます。この場合、安全性の低いアプリのアクセスを
> 許可する必要はありません。

つづいて、[安全性の低いアプリの許可：無効] の右にあるアイコンをクリックして有効化します。これで、Python から Gmail のメール送信サーバーにアクセスできるようになります。

メッセージを作成・送信する

メール送信サーバーにアクセスできたら、メッセージの作成を行います。メッセージを作るには差出人、宛先、件名、本文などの情報を格納できるメッセージオブジェクトを作成する必要があります。

まず、「**email**」（イーメール）というライブラリをインポートしましょう。

email ライブラリをインポートする

```
import email
```

ライブラリをインポートしたら、メッセージオブジェクトを作成します。

■: メッセージオブジェクトを作成する

> メッセージオブジェクト = email.message.EmailMessage()

今回は、メッセージオブジェクトの名前を「message」とします。

■: メッセージオブジェクトを作成する

```
message = email.message.EmailMessage()
```

　差出人、宛先、件名、本文などを設定するには次のように書きます。本文だけは書き方が異なり、メッセージオブジェクトの **set_content**(セットコンテント)関数を使って設定します。

■: メッセージの情報を設定する

> メッセージオブジェクト ['From'] = ' 差出人メールアドレス '
>
> メッセージオブジェクト ['To'] = ' 宛先メールアドレス '
>
> メッセージオブジェクト ['Cc'] = 'Cc メールアドレス '
>
> メッセージオブジェクト ['Bcc'] = 'Bcc メールアドレス '
>
> メッセージオブジェクト ['Subject'] = ' 件名 '
>
> メッセージオブジェクト .set_content(' 本文 ')

　では、メッセージオブジェクトにデータを入れてメッセージを作成してみましょう。差出人メールアドレスや宛先メールアドレスの情報は、あなたが使っているメールアドレスの情報などを確認して、変更してください。

6

Python ×メールの自動化

:: メッセージを作成する

```
message['From'] = 'your-account@gmail.com'  ●———— 自分のメールアドレス
message['To'] = 'receiver-account@gmail.com' ●———— 送信先のメールアドレス
message['Subject'] = '査定結果のお知らせ'
message.set_content('人事部の山田です。\n査定結果をお送りしますので、ご確認く
ださい。')
```

memo

本文に改行を入れたいときは、「¥n」と書きます。ノートブック上では、円マーク(¥)はバックスラッシュ(\)で表示されます。

! 注 意

メールの誤送信を防ぐために、最初は宛先にご自身のメールアドレスを設定して、正常に送信できるかをテストすることをおすすめします。

作成したメッセージは、接続オブジェクトの **send_message**(センドメッセージ)関数で送信できます。引数に message を指定し、正常にデータが入っているかを確認してみましょう。

:: メッセージを送信する

接続オブジェクト .send_message(メッセージオブジェクト)

実際のコードは次のようになります。

:: メッセージを送信する

```
server.send_message(message)
```

査定結果のお知らせ　受信トレイ ×

■■■■■■■@gmail.com
To 自分 ▼

人事部の山田です。
査定結果をお送りしますので、ご確認ください。

← 返信　　➡ 転送

6

Python × メールの自動化

> **memo**
>
> コードを実行した際に「SMTPSenderRefused」というエラーが出た場合は、
> メール送信サーバーとの接続がタイムアウトしていることがあります。このエ
> ラーが出たらサーバーへの接続・メッセージオブジェクトの作成を再度実行し
> てみてください。

メッセージにファイルを添付して送信する

　作成したメッセージオブジェクトに、サンプルファイル「sample.xlsx」を添
付してみましょう。メッセージにファイルを添付するときは、添付するファイ
ルの種類を伝えてあげる必要があります。ファイルの種類の伝え方には所定の
形式があり、それを **MIME タイプ**（マイムタイプ）といいます。MIME タイプ
は、**メインタイプ**と**サブタイプ**の 2 つで構成され、その 2 つをスラッシュで
つないだ文字列となります。メインタイプというのはファイルの種類をグルー
プ化したもので、サブタイプはファイルの拡張子に対応した値であるとイメー
ジしてください。

■■ メインタイプとサブタイプ

――――――― MIME タイプ（mimetypes）―――――――
メインタイプ（maintype）/ **サブタイプ**（subtype）

テキスト・画像・動画など ファイルの種類をグループ化したもの 例：text、image、video	画像ファイルであれば、JPEG か PNG か といった特定のデータ形式を指定する 例：jpg、png

　次表は MIME タイプの例です。

ファイル の拡張子	メインタイプ	サブタイプ
.txt	text	plain
.html	text	html
.jpeg	image	jpeg
.png	image	png
.mp3	audio	mpeg
.mp4	video	mp4
.csv	application	vnd.ms-excel
.xlsx	application	vnd.openxmlformats-officedocument.spreadsheetml.sheet
.xlsm	application	vnd.ms-excel.sheet.macroEnabled.12
.docx	application	vnd.openxmlformats-officedocument.wordprocessingml.document
.pptx	application	vnd.openxmlformats-officedocument.presentationml.presentation
.pdf	application	pdf
zip	application	x-zip-compressed

　MIME タイプを扱うには「**mimetypes**」(マイムタイプス)というライブラリを使います。

mimetypes ライブラリをインポートする

```
import mimetypes
```

　添付するファイルの MIME タイプを取得するには、mimetypes ライブラリの **guess_type**(ゲスタイプ)関数を使います。引数にはファイルパスを指定します。

MIME タイプを取得する

変数 = mimetypes.guess_type(' ファイルパス ')[0]

　コードの末尾に [0] を付けている理由を説明します。guess_type 関数の実行結果は、以下のようなタプル型の値になります。タプル内の 1 つ目に MIME タイプの情報があって、それを取得するために [0] を付けます。

■■ guess_type 関数の実行結果

> (' メインタイプ / サブタイプ ', エンコーディング方式)
>
> MIMEタイプ

memo

タプルとは、後から変更できない複数の値の集合です。詳しくは p.51 を参照してください。

それでは、添付するサンプルファイル「sample.xlsx」の MIME タイプを取得してみましょう。サンプルファイルはユーザーフォルダの直下にあるものとします。

■■ sample.xlsx

C:/Users/suzuki/chapter6

sample.xlsx

MIME タイプを取得

取得した MIME タイプを格納するために「mimetype」という変数を使います。MIME タイプの値だけを取り出したいので、タプル内の 1 つ目の値を取得するという意味で、末尾に [0] を付けます。ファイルパスはあなたのパソコン内のファイルパスを確認し、変更してください。

■■ MIME タイプを取得する

```
mimetype = mimetypes.guess_type(
'C:/Users/suzuki/chapter6/sample.xlsx')[0]

print(mimetype)
```

「print(mimetype)」で出力すると、取得した MIME タイプを確認できます。

```
application/vnd.openxmlformats-officedocument.spreadsheetml.sheet
```

　MIME タイプはこの後の工程で使用しますが、メインタイプとサブタイプ
は分けておく必要があるため、split 関数を使って分割します。引数には、
区切り文字のスラッシュを指定します。split 関数の戻り値は 2 つあるので、
それぞれ「maintype」と「subtype」という変数を使って受け取ります。

■■ メインタイプとサブタイプを取得する

```
maintype, subtype = mimetype.split('/')
```

　スラッシュの前の値が変数 maintype、後の値が subtype に格納されます。
こちらも print 関数を使って確認できます。

■■ メインタイプとサブタイプを確認

```
print(maintype)
print(subtype)

application
vnd.openxmlformats-officedocument.spreadsheetml.sheet
```

　これで準備ができたので、いよいよファイルを添付します。はじめに read
関数で添付するファイルを読み込んでファイルオブジェクトを作成し、メッ
セージオブジェクトの **add_attachment**(アドアタッチメント)関数を使って添
付します。

■■ 添付するファイルを読み込んでファイルオブジェクトを作成する

ファイルオブジェクト = open(' ファイルパス ', 'rb').read()

---

memo

open 関数の 2 つ目の引数はファイルを開くときのモードです。ここではバイナ
リー読み込みを表す「rb」を指定します。詳細は p.216 を参照してください。

246

■: ファイルオブジェクトをメッセージに添付する

```
メッセージオブジェクト.add_attachment(
    ファイルオブジェクト,
    maintype= メインタイプ,
    subtype= サブタイプ,
    filename=' ファイル名 '
)
```

add_attachment 関数で指定する引数はファイルオブジェクト、メインタイプ、サブタイプ、ファイル名の4つです。メインタイプとサブタイプは先ほど guess_type 関数で取得した値を使用します。以下のコードでは、ファイルオブジェクトを作成して変数「file」に格納し、それを add_attachment 関数の引数として使用しています。

■: メッセージにファイルを添付する

```
file = open('C:/Users/suzuki/chapter6/sample.xlsx', 'rb').read()
```
ファイルオブジェクトを作成

```
message.add_attachment(
    file,
    maintype=maintype,
    subtype=subtype,
    filename='sample.xlsx'
)
```
メッセージにファイルを添付

これで、メッセージに「sample.xlsx」が添付されました。send_message 関数で送信してみましょう。

■: メッセージを送信する

```
server.send_message(message)
```

メール送信サーバーとの接続を切断する

作業が終わったら、最後にメール送信サーバーとの接続を切断しましょう。接続オブジェクトの **quit**(クイット)関数を使います。

6

Python ×メールの自動化

■■ サーバーとの接続を切断する

接続オブジェクト .quit()

実際のコードは次のとおりです。

■■ サーバーとの接続を切断する

```
server.quit()
```

> ❶ 注 意
>
> 作業が終わったら、その都度 Google アカウントの設定で [安全性の低いアプリ
> のアクセス] を無効に戻しておくことを推奨します。

メールを一括送信する

人事査定の結果を全社員に一括送信したり、全支店に業績報告を一括で依頼したり、取引先に請求のメールを一括送信したりするなど、メールを一括送信する作業はバックオフィス業務において頻繁に発生します。手作業でやろうとすると膨大な手間がかかる上に間違いも発生しやすくなるので、Pythonを使って自動化してみましょう。

一括送信リストを作成する

メールを送信したい相手のリストを作成し、Pythonで読み込んで使用します。今回はユーザーフォルダの下に「satei」というフォルダを作成し、その中に一括送信リストを作成・保存します。下図を参考に、Excelファイル「list.xlsx」を作成しましょう。宛先は、自動送信するメールアドレスに書き換えてください。

一括送信リスト（list.xlsx）

	A	B	C	D	E
1	社員番号	氏名	宛先	添付ファイル	
2	1001	山田 太郎	yamada@example.co.jp	1001.xlsx	
3	1002	佐藤 花子	sato@example.co.jp	1002.xlsx	
4	1003	鈴木 孝雄	suzuki@example.co.jp	1003.xlsx	
5	1004	高橋 文子	takahashi@example.co.jp	1004.xlsx	
6	1005	加藤 二郎	kato@example.co.jp	1005.xlsx	
7	1006	神田 真司	kanda@example.co.jp	1006.xlsx	
8					

---

memo

宛先と添付ファイル以外に、CC、BCC、件名、本文などの情報を付け加えることもできます。

一括送信リストで指定した添付ファイルも「satei」フォルダの下にあるものとしましょう。

■■ 一括送信リストと添付ファイル

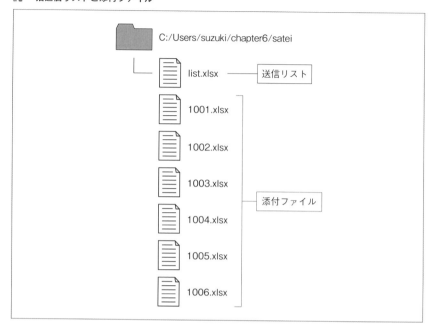

■ 一括送信リストを取り込む

　一括送信リストを、pandas ライブラリの read_excel 関数を使って読み込みます。一括送信リストを取り込み、データを 1 行ずつ繰り返し処理しながら、宛先・添付ファイル名・添付ファイルのファイルパスを取得します。

　はじめに pandas ライブラリをインポートし、フォルダパスを指定して、一括送信リストのデータをデータフレーム型の変数「data」に格納します。

■■ 一括送信リストを変数 data に格納する

```
import pandas as pd

folderpath = 'C:/Users/suzuki/chapter6/satei'

data = pd.read_excel(folderpath + '/list.xlsx')
```

　リストを読み込んだら、データフレームから特定の値を抽出する loc 属性 (p.72)を使って宛先と添付ファイル名を取得します。添付ファイルは一括送

信リストと同じ階層にあるものとし、変数 folderpath にファイル名をつなげてファイルパスを指定します。

ポイントは、変数の使い方です。「folderpath」「filename」「filepath」といった変数を使うことで、同じ情報を何度も書かずに済みますし、コードもわかりやすくなります。

■■ リストから値を取得する

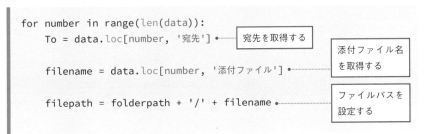

```
for number in range(len(data)):
    To = data.loc[number, '宛先']     宛先を取得する

    filename = data.loc[number, '添付ファイル']     添付ファイル名
                                                   を取得する

    filepath = folderpath + '/' + filename     ファイルパスを
                                                設定する
```

一括送信プログラムを作成する

では、上記の一括送信リストを取り込むコードと、6-1で学習したメールを送信するコードと組み合わせて、一括送信プログラムを作ってみましょう。作成手順は次のとおりです。

▼作成手順
① 各種ライブラリをインポートする
② メール送信サーバーに接続する
③ フォルダパスを設定する
④ Excel ファイルを読み込む
⑤ 1行ずつ繰り返し処理する
⑥ 宛先を取得する
⑦ 添付ファイル名を取得する
⑧ ファイルパスを設定する
⑨ メッセージを作る
⑩ MIME タイプを取得する
⑪ ファイルを添付する
⑫ 送信する
⑬ メール送信サーバーとの接続を切断する

6

Python ×メールの自動化

コードの全体像は次のようになります。

■ 一括送信リストでメールを自動送信する

```
#①各種ライブラリをインポートする
import smtplib
import email
import mimetypes
import pandas as pd

#②メール送信サーバーに接続する
server = smtplib.SMTP_SSL('smtp.gmail.com',465)
server.login('your-account@gmail.com','password')
```

自分のアカウント情報に置き換える

```
#③フォルダパスを設定する
folderpath = 'C:/Users/suzuki/chapter6/satei'

#④Excelファイルを読み込む
data = pd.read_excel(folderpath + '/list.xlsx')

#⑤1行ずつ繰り返し処理する
for number in range(len(data)):

    #⑥宛先を取得する
    To = data.loc[number, '宛先']

    #⑦添付ファイル名を取得する
    filename = data.loc[number, '添付ファイル']

    #⑧ファイルパスを設定する
    filepath = folderpath + '/' + filename

    #⑨メッセージを作る
    message = email.message.EmailMessage()
    message['From'] = 'your-account@gmail.com'
    message['To'] = To
    message['Subject'] = '査定結果のお知らせ'
    message.set_content('人事部の山田です。\n査定結果をお送りしますので、
ご確認ください。')
```

自分のメールアドレス

```
    #⑩MIMEタイプを取得する
    mimetype = mimetypes.guess_type(filepath)[0]
```

```
mimetype,subtype = mimetype.split('/')

#⑪ファイルを添付する
file = open(filepath,'rb').read()
message.add_attachment(
file,
maintype=maintype,
subtype=subtype,
filename=filename)

#⑫送信する
server.send_message(message)

#⑬メール送信サーバーとの接続を切断する
server.quit()
```

プログラムを実行し、指定したメールアドレスに送信されたことを確認してください。

本書では紹介しませんでしたが、宛先には複数のメールアドレスを指定することもできますし、Cc や Bcc の情報を設定することもできます。また、複数のファイルを添付することもできます。あなたの業務に合ったプログラムに発展させてみましょう。

6

Python × メールの自動化

Index

永井 雅明（ながい まさあき）

日本頭脳株式会社 代表取締役。ITストラテジスト、応用情報技術者。早稲田大学理工学部卒。世界最大級のコンサルティングファームであるプライスウォーターハウスクーパース出身。IT戦略策定および業務システムの企画・要件定義・設計に精通しており、数多くの業務改革プロジェクトをリードしてきた。

日本頭脳株式会社のミッションは、オフィスワークの生産性革命。主力事業として、会議・打合せSaaS、データ処理アウトソーシング、業務効率化ツール開発、Excel生産性向上研修などを展開している。

ホームページ：https://nihonzuno.co.jp/

注意事項

○本書内の内容の実行については、すべて自己責任のもとで行ってください。内容の実行により発生したいかなる直接、間接的被害について、著者およびSBクリエイティブ株式会社、製品メーカー、購入した書店、ショップはその責を負いません。

○本書の内容に関するお問い合わせに際して、編集部への電話によるお問い合わせはご遠慮ください。

■本書のサポートページ

https://isbn2.sbcr.jp/09986/

本書をお読みになりましたご感想、ご意見を上記 URL からお寄せください。

装丁 ……………………… 松山 千尋・西垂水 敦(krran)

制作 ……………………… クニメディア株式会社

編集 ……………………… 國友 野原

作業が一瞬で片付く Python 自動化仕事術

2021年 9月30日　初版第 1 刷発行
2022年 9月11日　初版第 3 刷発行

著　者 ……………………… 永井 雅明

発行者 ……………………… 小川 淳

発行所 ……………………… SBクリエイティブ株式会社
　　　　　　　　　　　　　〒106-0032 東京都港区六本木2-4-5
　　　　　　　　　　　　　https://www.sbcr.jp/

印　刷 ……………………… 株式会社シナノ

落丁本、乱丁本は小社営業部(03-5549-1201)にてお取り替えいたします。定価はカバーに記載されております。
Printed in Japan ISBN 978-4-8156-0998-6